AF406602

Fútbol:
LA PROFUNDIDAD

Concepto y 50 tareas para su entrenamiento

Manuel Jesús Crespo García

ÍNDICE

INTRODUCCIÓN

En la iniciación al mundo del entrenamiento es muy usual intentar encontrar una receta o una fórmula que resuelva nuestras necesidades y que cubra las posibles lagunas que tengamos en nuestro conocimiento o en nuestra capacidad.

La complejidad y diversidad del juego hacen que haya que tener un conocimiento del mismo para su enseñanza y para su aprendizaje en algunos casos.

El fútbol está evolucionando y van apareciendo nuevos conceptos con diversidad de interpretaciones atendiendo a las distintas corrientes a las que seamos más afines. No obstante, creo que todo se puede adaptar y se le puede sacar rendimiento siempre que tenga una buena argumentación y no nos dejemos atraer por dogmas.

Este libro con tareas no pretende ser una respuesta matemática a las necesidades que pueda tener un entrenador para encontrar soluciones a los problemas que se le planteen. La intención es poder manejar recursos, adaptarlos a nuestra realidad de entrenamientos y que puedan introducirnos y orientarnos a conseguir en el entrenamiento los objetivos pretendidos.

He reducido el uso de material para simplificar y poder llegar a cualquier nivel de recursos y que puedan ser llevadas a cabo en cualquier realidad, sin necesidad de unos materiales que dificulten su realización.

Existen distintos tipos de tareas para la mejora del dominio colectivo de cualquier medio que queramos que nuestro equipo maneje durante el desarrollo de los partidos. Atendiendo a la metodología empleada, la duración, los espacios, el número de jugadores... pueden variar para satisfacer nuestro modelo de juego.

A continuación, desarrollaré distintas tareas desde las más simples a las de mayor complejidad para poder trabajar el concepto de la presión tras pérdida y que puedan formar parte de distintos modelos de juego ya que, atendiendo a las pretensiones de cada entrenador y a la metodología a emplear, cada uno debe introducirlas donde considere oportuno. Estas tareas carecen de un contexto y de una estrategia operativa, para los cuales necesitarán adaptación por parte del entrenador a todas las variables que crea que pueden tener incidencia en el desarrollo del juego de su equipo y a las características del mismo.

Todas las tareas propuestas carecerán de un contexto propio, del rival, la competición y la situación para el desarrollo de la estrategia operativa y el modelo de juego.

Castellano y Casamichana (2016) proponen este cuadro para la clasificación de las tareas según los metros cuadrados por jugador y a las demandas a las que serán exigidas los jugadores:

m^2 / jugador	1<2	3<4	5<7	8<10
<50	Fuerza		Recuperación	
<100	Fuerza		Recuperación	
<200	Frecuencia cardíaca		Velocidad	
>200	Frecuencia cardíaca		Velocidad	

En este libro se indicarán el número de jugadores y la división y distribución de los espacios. No obstante, para que la tarea se adapte a cada equipo, estado físico de los jugadores, modelo de juego y metodología, cada entrenador la deberá adaptar en cuanto a metros las distancias, los espacios e incluso en número de jugadores en algunos casos para tener un mejor desarrollo con su equipo.

Las tareas no tendrán límites de toques, contactos o golpeos para conseguir nuestro objetivo, ya que habrá jugadores que necesiten o decidan utilizar un número mayor por necesidades del juego, por condiciones técnicas o por condicionantes físicos de desarrollo. No obstante, al ser tareas abiertas, el entrenador podrá condicionarlas si lo cree necesario u oportuno para conseguir los beneficios pretendidos conociendo la realidad a la que las va a exponer.

CONCEPTO DE **PROFUNDIDAD** EN FÚTBOL

Una buena ocupación de los espacios, cuando estamos en posesión del balón, nos ayudará y será un recurso para crear o encontrar espacios libres y aprovecharlos en nuestra fase con balón.

Tener una buena ocupación de los espacios no quiere decir que lo hagamos de manera equitativa para tener todos los espacios posibles cubiertos. Una buena ocupación de los espacios requiere un plan preestablecido para optar por lo que se considere importante en cada momento del juego porque, por ejemplo, hay momentos en los que se necesita una acumulación mayor de jugadores para desequilibrar al adversario o, simplemente, promover en él una ocupación que nos interese para el juego colectivo.

El concepto de profundidad hace referencia, sobre todo, al aprovechamiento de los espacios con balón.

Durante el proceso evolutivo de los jóvenes futbolistas, el desarrollo cognitivo se verá estrechamente relacionado con la interpretación de los espacios para que se produzca el aprendizaje.

Podemos definir la profundidad como la capacidad de generar acciones que progresivamente nos permiten ir reduciendo espacio con respecto a la portería rival superando los adversarios y aproximando el balón y los jugadores a zonas de finalización.

Atendiendo a la definición propuesta, se puede apreciar cierta similitud entre profundidad y progresión en el juego.

La Escuela Nacional de Entrenadores define la progresión en el juego como *aquellas acciones que permiten llevar o enviar el balón hacia la portería contraria*. La principal diferencia entre la progresión en el juego y la profundidad es que en la profundidad están implicados el balón y los jugadores y la progresión sólo hace referencia al balón.

Cuando hablamos de "equipos largos" con balón no necesariamente estamos hablando de equipos profundos. Se puede ser largo por tener los delanteros muy distanciados de los defensores, pero no llegar con los jugadores y el balón a zonas de finalización. El desarrollo práctico del concepto está relacionado con que se atraviesen líneas rivales y no solo es un posicionamiento distanciado aunque este posicionamiento largo será un facilitador de la profundidad, de la misma manera que lo es la amplitud como generador de espacios mayores.

La interpretación de los espacios para su aprovechamiento puede ser clave para el desarrollo de los partidos y para la consecución de un resultado favorable.

Los principales condicionantes externos de la ocupación del espacio serán el rival y el balón y se necesitará correr riesgos mayores según el tiempo que quede de partido y el resultado del mismo.

Cada equipo interpreta los espacios atendiendo a la visión que muestre del juego el entrenador y la capacidad de los jugadores. La ocupación de los espacios estará encorsetada por el esquema del que parte el equipo en el comienzo del juego, pero el jugador o el entrenador podrán modificarlo a partir de una interpretación personal, motivada por la evolución que ofrece el partido y las circunstancias que lo rodean, para conseguir un desarrollo favorable.

Los espacios y el tiempo son variantes que manejamos los entrenadores para condicionar las tareas de entrenamiento ya que darán un valor añadido a las mismas. Por tanto, estamos condicionando constantemente los espacios en nuestros entrenamientos para conseguir el resultado adecuado en el proceso de aprendizaje-enseñanza (en ese orden porque, si no se produce un aprendizaje, no habrá habido enseñanza alguna). Jugar con una amplitud de espacios mayor favorecerá el juego del equipo poseedor del balón en la situación en que se encuentre, no solo para reaccionar ante estímulos, sino para facilitar la ejecución de la respuesta.

Cuando un equipo tiene el balón es aconsejable que el juego se desarrolle sobre superficies mayores porque:

- Genera incertidumbre al rival teniendo una mayor superficie que controlar.

- Obliga a una mayor visión periférica.
- Somete a una tensión defensiva mayor.
- Permite espacios mayores sobre los que tener influencia.
- Da lugar a mayores espacios para desarrollar las acciones.
- Provoca más cambios de perfiles en los defensores.
- Genera pasillos interiores en el rival.
- Hace que el rival bascule en cualquier movimiento del balón.
- Posibilita espacio entre líneas.
- Divide a jugadores rivales más alejados.
- Genera mayor incertidumbre en las marcas.
- Fija rivales alejados para que no participen en defensa.
- Tiene como consecuencia superioridades numéricas.
- Favorece el juego interior.
- Obtiene ventajas en tiempo y espacio con el balón.

Para jugar con profundidad en el juego, que haya jugadores alejados en vertical del lugar donde se encuentre el balón facilitará percutir líneas rivales o estructuras defensivas que serán el objetivo.

Cada equipo, en esta interpretación de la profundidad atendiendo a los intereses y al juego que desarrolle, puede presentarla de diversas opciones: con los centrocampistas, con los jugadores de banda, con los defensores, con los delanteros...

El concepto de la amplitud parece estar estrechamente ligado a la profundidad, aunque no necesariamente un equipo ha de tener amplitud y profundidad. Los equipos pueden trabajar en amplitud para conseguir profundidad o colocar sus jugadores a distintas alturas (profundidades) para conseguir el retroceso del rival, percutir en sus líneas o en su disposición defensiva. Si un equipo es amplio y profundo los espacios o superficies donde se desarrollará el juego serán mayores y los beneficios de la profundidad se verán reforzados para conseguir los objetivos.

Tener una buena profundidad para poder desarrollar el juego con balón será beneficioso para aprovechar los espacios y obligar al equipo rival a su retroceso.

La profundidad es importante desarrollarla cuanto antes en la fase en la que el equipo tiene el balón, ya que podemos explotar los espacios dejados por el rival y contraatacar. Algo que identifica a un contraataque es que se alcanza muy rápido la profundidad con balón aprovechando la desorganización defensiva.

El mayor inconveniente de la profundidad reside en que, cuando nuestro equipo está posicionado, existen espacios y pasillos interiores que pueden ser aprovechados por el rival en caso de pérdida. Para ello es importante tener en cuenta este aspecto y tener jugadores cercanos al balón para "viajar juntos", tener mayores opciones para no perder el balón y la posibilidad de recuperar lo más rápido posible o retrasar el ataque del contrario no dejándolo evolucionar.

El juego de posición se abastece de la profundidad para poder generar las superioridades necesarias y superar al contrario.

Hay entrenadores que, para manejar este concepto con soltura dentro de sus equipos, solo lo aplican a situaciones de contraataque o no lo llevan a cabo junto con la amplitud. Cada entrenador establece los principios y la importancia que les va a conceder durante el desarrollo del juego.

El intercambio de posiciones y la colocación de jugadores en diferentes alturas serán elementos que alterarán el orden defensivo y ayudarán a que los espacios sean mejor aprovechados por los jugadores durante el desarrollo del juego.

Los estímulos e indicadores para poner en marcha el concepto de la profundidad con balón serán estímulos e indicadores propios del juego para identificarlos en cada momento. Realizar un pase, conducir o cambiar de zona después de un estímulo auditivo (voz del entrenador, silbato...) o cualquier otro que no tenga que ver con lo que pueda pasar en un partido (mostrar un color, aviso del entrenador o de un compañero...) nos ayudarán a realizar las tareas, pero no a utilizar con la destreza específica el medio o principio de la profundidad con balón y a desarrollar el aprendizaje en el jugador; con lo cual, los estímulos, indicadores o recursos utilizados tendrán transferencia al juego y podrán ser adaptados por el entrenador atendiendo a la realidad a la que los vaya a exponer.

SIMBOLOGÍA

Jugadores/as Equipo A	
Jugadores/as Equipo B	
Jugadores/as Equipo C	
Desplazamiento sin balón	
Control orientado	
Desplazamiento del balón	
Conducción del balón	
Desplazamiento del balón por alto	
Tiro a puerta	
Balón	

LA PROFUNDIDAD
EN FÚTBOL

50

TAREAS PARA SU ENTRENAMIENTO

Tarea N° 1	Objetivo Principal	Mejora de la profundidad
	Jugadores	6 (1+2x2+P)

Explicación

Los jugadores distribuidos como en la imagen. El jugador del centro pasará con el más alejado de la portería y cuando los jugadores del otro equipo entren a presionar pasarán al compañero cercano a la portería (que se desmarcará) para atacar en profundidad.

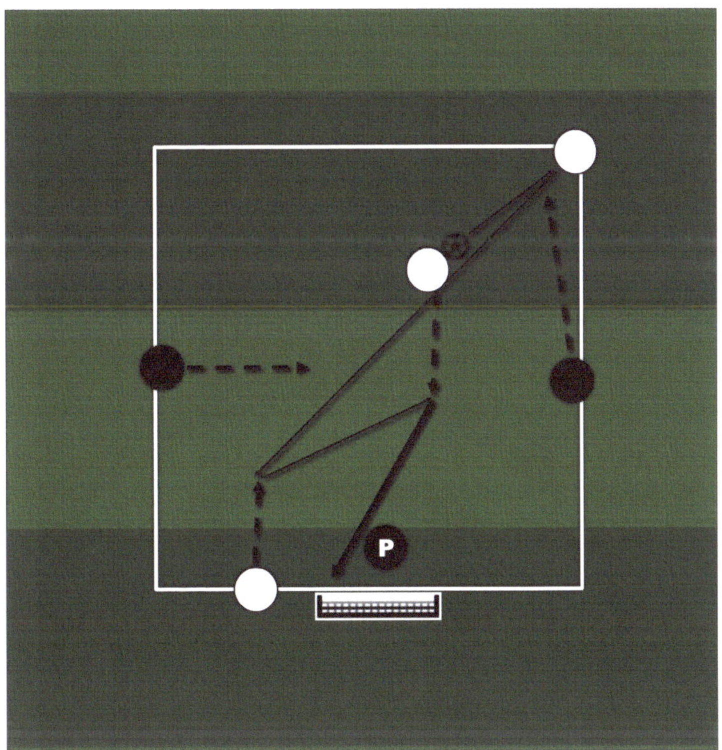

Tarea N° 2	Objetivo Principal	Mejora de la profundidad
	Jugadores	8 (4x3+P)

Explicación

Los jugadores distribuidos como en la imagen. Los 2 jugadores del centro se pasan el balón hasta que salen a presionar los jugadores rivales y atacan en profundidad aprovechando la amplitud de los compañeros que se incorporan al ataque.

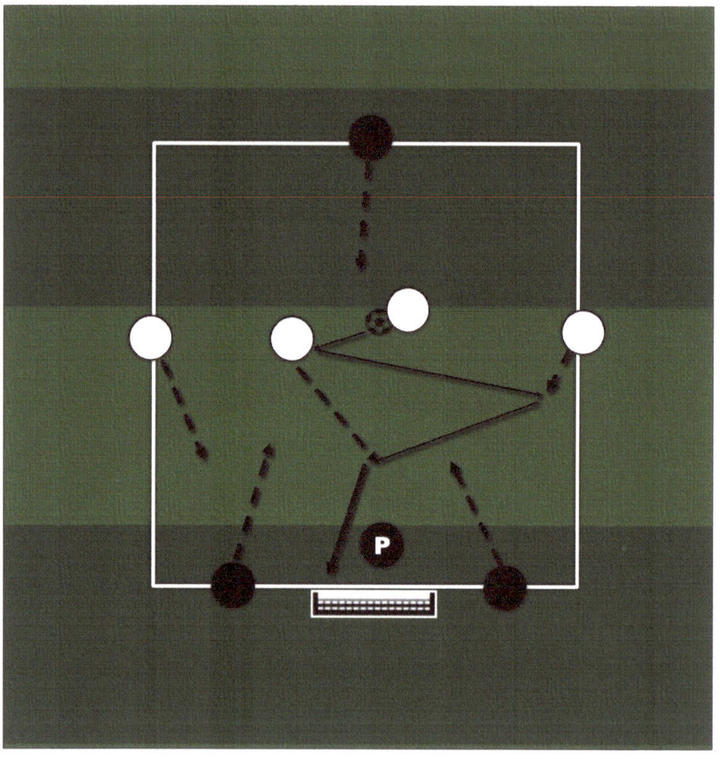

Tarea N° 3	Objetivo Principal	Mejora de la profundidad
	Jugadores	11 (P+1+4x4+1)

Explicación

En un cuadrado dividido en dos partes un equipo tiene el balón en una mitad con un jugador sobre la línea divisoria y el otro equipo intentará recuperar con cuatro jugadores presionando y un jugador en el otro campo. Cuando el equipo sin balón recupere pasará al compañero que estaba en la otra mitad para profundizar en el ataque. Si el equipo que tenía el balón vuelve a recuperar mantendrán el balón lejos de la portería y el otro equipo intentará robar para profundizar.

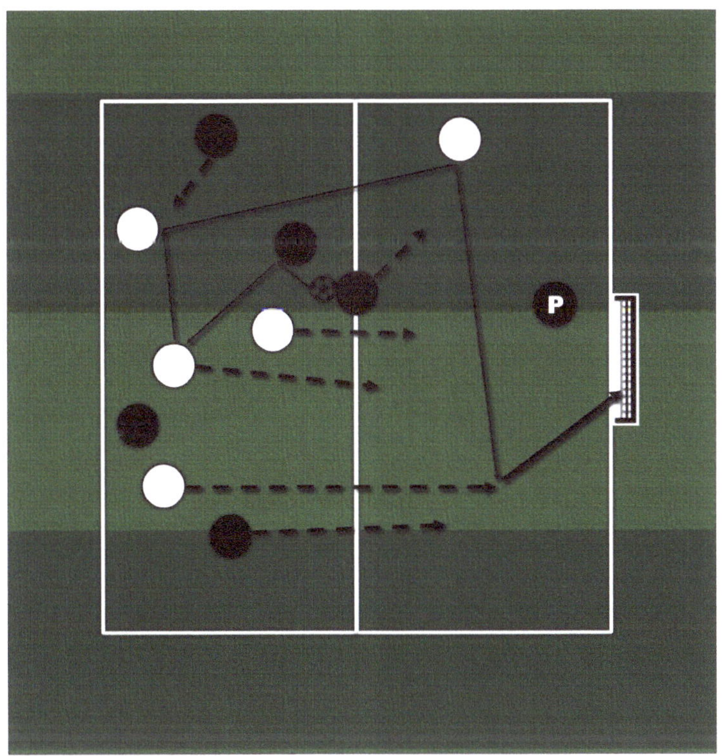

Tarea N° 4	Objetivo Principal	Mejora de la profundidad
	Jugadores	16 (P+6x6+3C)

Explicación

En un rectángulo dividido en tres campos iguales, los equipos se colocarán en la disposición de la imagen. Sólo podrán pasar a la zona los comodines cuando se encuentre el balón en ellas. El equipo blanco profundizará en ataque con la ayuda de los comodines para atacar la portería.

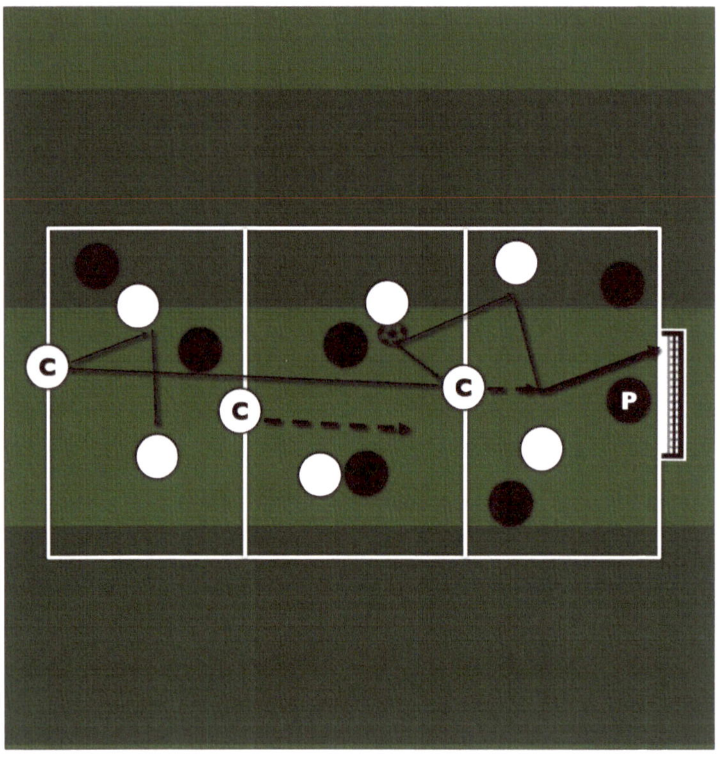

Tarea N° 5	Objetivo Principal	Mejora de la profundidad
	Jugadores	16 (P+6x6+3C)

Explicación

En un rectángulo dividido en tres campos iguales, los equipos se colocarán en la disposición de la imagen. El equipo blanco profundizará en ataque con la ayuda de los comodines sobre las líneas. Sólo podrán pasar a la zona contigua los jugadores del equipo poseedor del balón (blanco) para atacar.

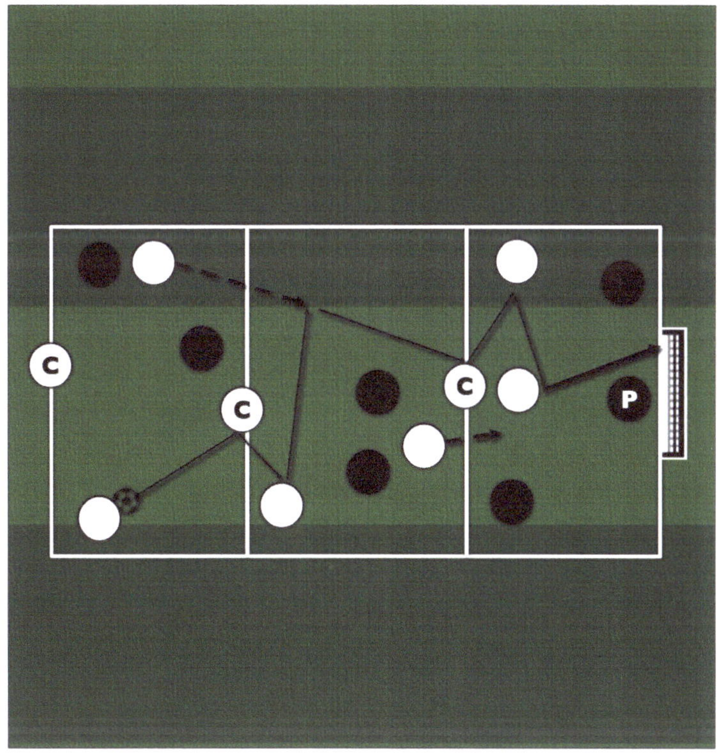

Tarea N° 6	Objetivo Principal	Mejora de la profundidad
	Jugadores	14 (P+1+5x4+C+2)

Explicación

En un rectángulo dividido como en la imagen, los equipos se colocarán en la disposición de la imagen. El equipo blanco intentará profundizar en ataque con la ayuda del comodín jugando con los jugadores de las esquinas y el jugador sobre la línea intentará evitar que lo hagan. Si el equipo negro recupera cambiarán los roles y la disposición.

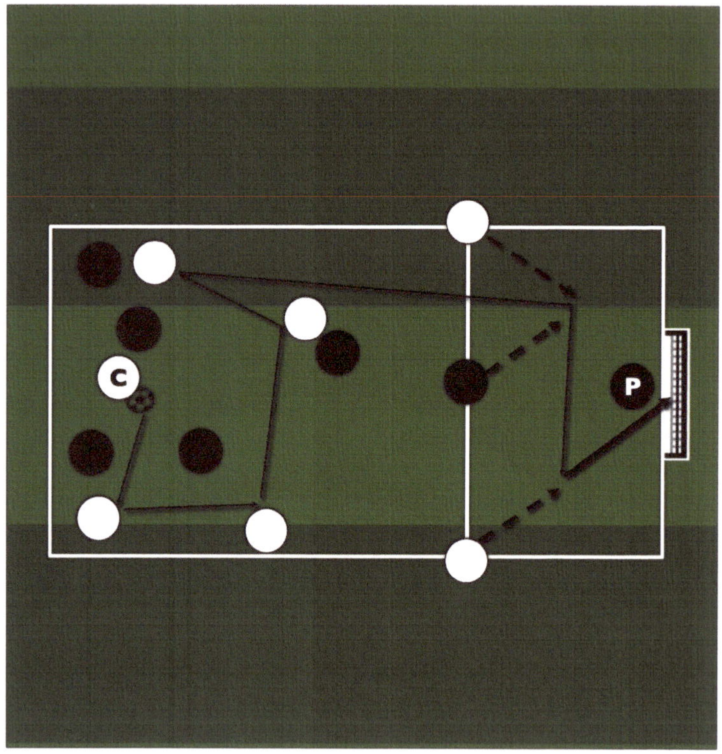

Tarea N° 7	Objetivo Principal	Mejora de la profundidad
	Jugadores	14 (P+1+5x5+1+C)

Explicación

En un rectángulo dividido como en la imagen, los equipos se colocarán en la disposición de la imagen. El equipo con balón intentará profundizar en ataque con la ayuda del comodín jugando con el jugador de la línea y el jugador sobre la línea del equipo rival intentará evitar que lo hagan. Si el otro equipo recupera cambiarán los roles y podrá jugar con el comodín para tener profundidad y jugar con el jugador que está sobre la línea.

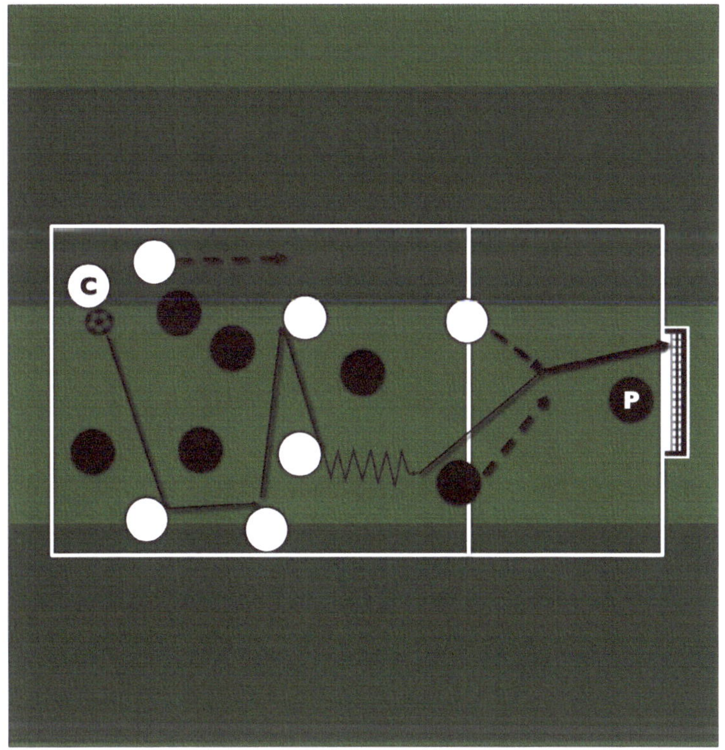

Tarea N° 8	Objetivo Principal	Mejora de la profundidad
	Jugadores	10 (P+4x4+C)

Explicación

En un rectángulo dividido en dos cuadrados, los jugadores se colocan en la disposición de la imagen. El equipo que tiene el balón (blanco) intenta atraer con el balón en el cuadrado alejado de la portería al otro equipo (negro). El equipo negro entrará a presionar y el equipo blanco intentará jugar con el comodín para profundizar en el ataque cuando le presionen. Si recupera el equipo negro cambiarán los roles.

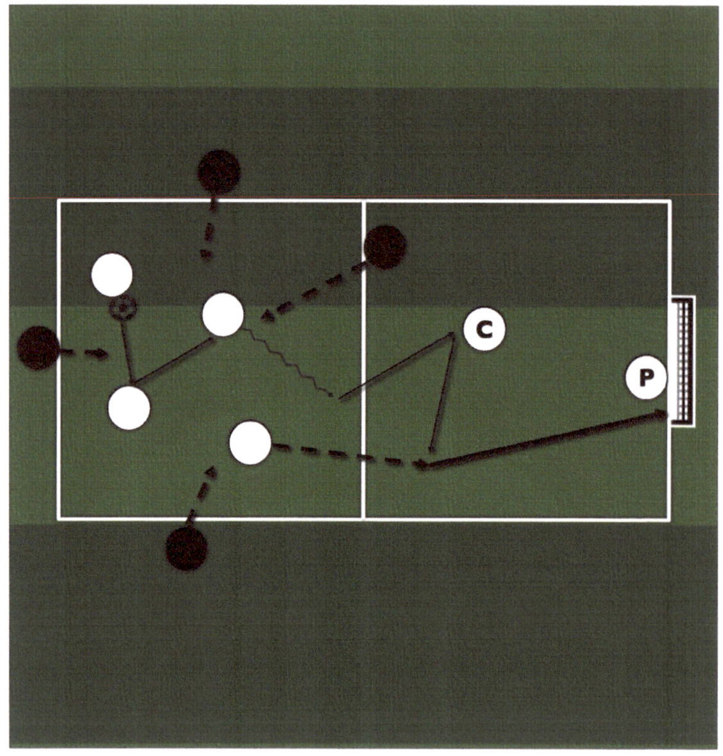

Tarea N° 9	Objetivo Principal	Mejora de la profundidad
	Jugadores	10 (P+4x4+C)

Explicación

En un rectángulo dividido en dos cuadrados, los jugadores se colocan en la disposición de la imagen. El equipo que tiene el balón (blanco) intentará atraer con el balón en el cuadrado alejado de la portería al otro equipo (negro). El equipo negro entrará a presionar y el equipo blanco con el comodín intentarán profundizar en el ataque, no pudiendo entrar el equipo negro en la otra mitad hasta que el equipo blanco lo haga. Si recupera el balón el equipo negro cambiarán los roles y podrán apoyarse en el comodín para profundizar.

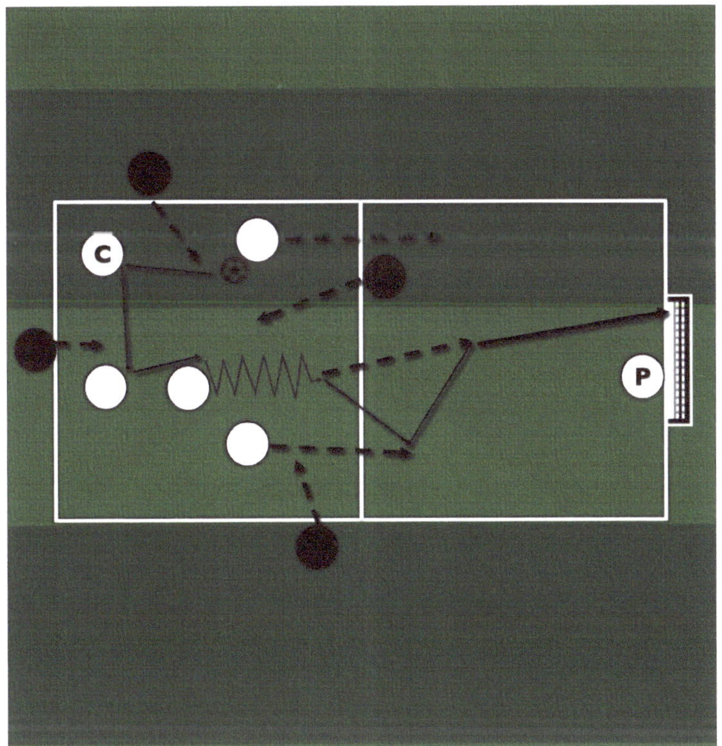

Tarea N° 10	Objetivo Principal	Mejora de la profundidad
	Jugadores	10 (P+4x4+C)

Explicación

En un rectángulo dividido en dos cuadrados, los jugadores se colocan en la disposición de la imagen. El equipo que tiene el balón (blanco) intentará atraer apoyado por el comodín en el cuadrado alejado de la portería al otro equipo (negro) que estará sobre la línea. El equipo negro entrará a presionar y el equipo blanco intentará profundizar en ataque. Si recupera el balón el equipo negro cambiarán los roles y podrán apoyarse en el comodín para profundizar.

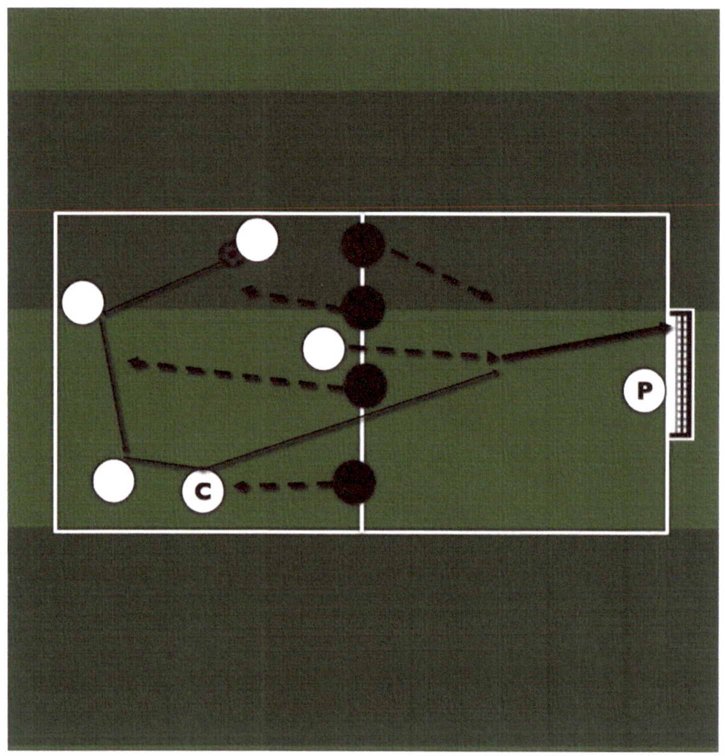

Tarea N° 11	Objetivo Principal	Mejora de la profundidad
	Jugadores	11(P+5x5)

Explicación

En un rectángulo dividido en dos cuadrados, los jugadores se colocan en la disposición de la imagen. El equipo que tiene el balón (blanco) intentará atraer en el cuadrado alejado de la portería al otro equipo (negro) que estará sobre la línea. El equipo negro entrarán a presionar algunos jugadores y otros retrocederán (irán cambiando en cada acción) y el equipo blanco intentará profundizar en ataque superando primero a los que presionan y luego a los que retrocedieron. Si recupera el balón el equipo negro cambiarán los roles.

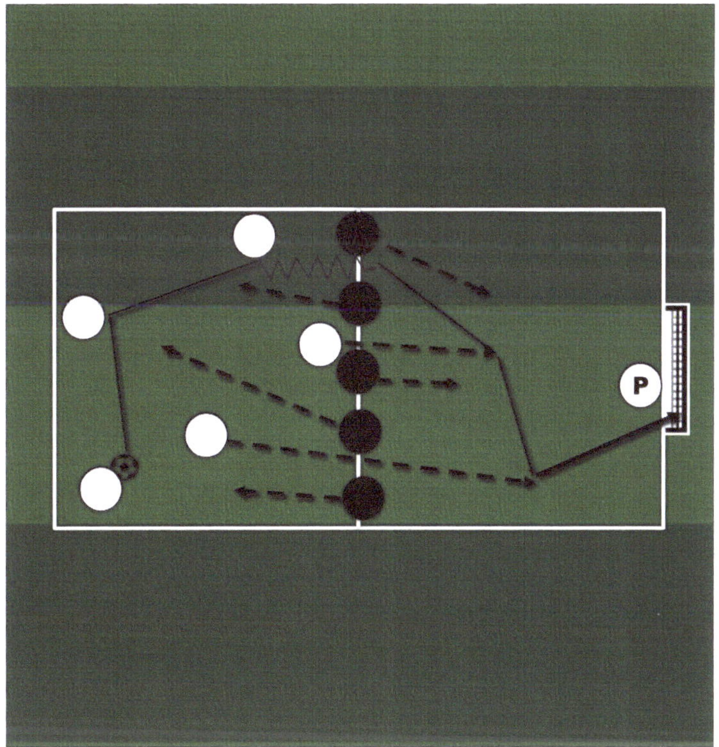

Tarea N° 12	Objetivo Principal	Mejora de la profundidad
	Jugadores	19

Explicación

En un rectángulo dividido en ocho partes iguales distribuidos los jugadores como en la imagen (uno de cada equipo en cada cuadrado) y los comodines sobre las líneas. El equipo que tiene el balón intentará profundizar en ataque apoyado por los comodines y pudiendo moverse hacia otras zonas. El equipo sin balón no podrá abandonar las zonas. Si un equipo recupera cambiarán los roles.

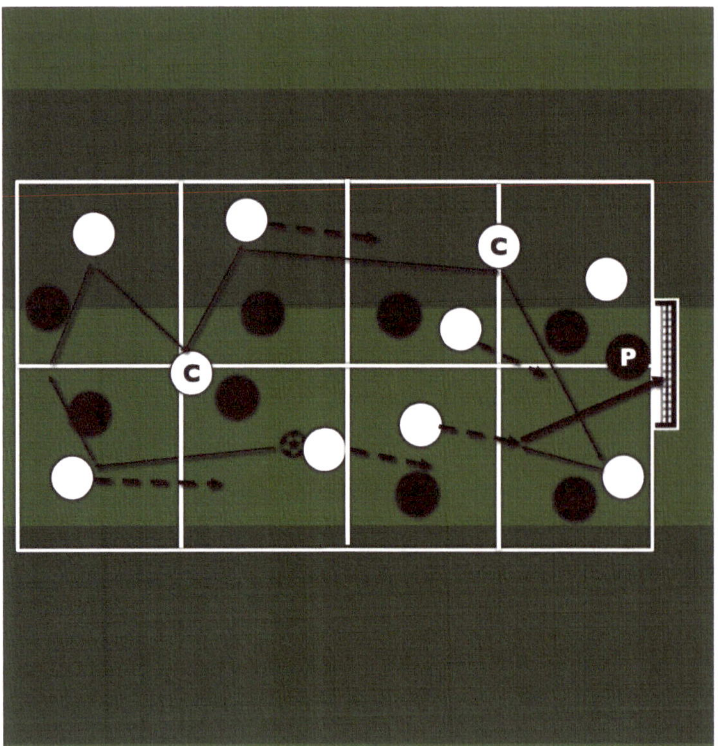

Tarea N° 13	Objetivo Principal	Mejora de la profundidad
	Jugadores	19

Explicación

En un rectángulo dividido en 6 partes iguales distribuidos los jugadores como en la imagen. El equipo blanco tendrá que ir profundizando en el juego y avanzando hacia la portería pudiendo moverse los jugadores a la siguiente zona buscando a los más adelantados.

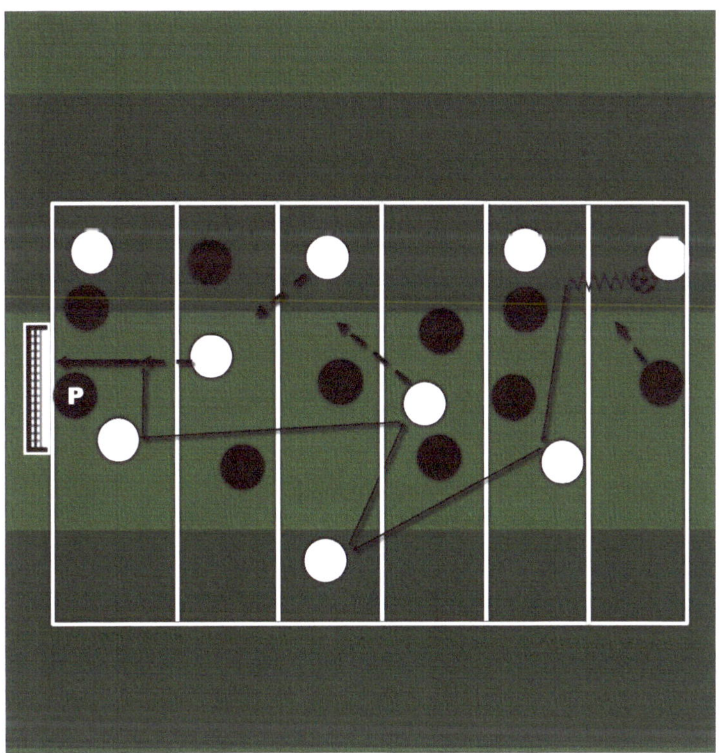

Tarea Nº 14	Objetivo Principal	Mejora de la profundidad
	Jugadores	9 (P+3x3+2C)

Explicación

En un trapecio en el que el lado mas pequeño viene delimitado por la portería. Juegan 3 contra tres con una portería y dos comodines en los laterales. El gol solo vale de pase de uno de los dos comodines que se situarán amplitud y profundidad para que puedan avanzar hacia la portería el equipo con balón.

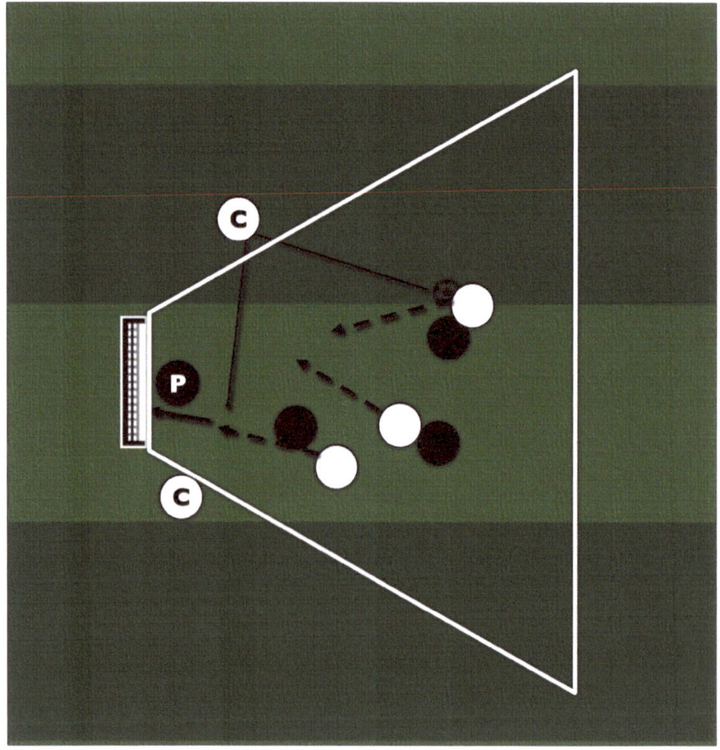

Tarea N° 15	Objetivo Principal	Mejora de la profundidad
	Jugadores	11 (1+4x4+1+P)

Explicación

En un rectángulo con un pasillo cercano a la portería, se colocan dos equipos como en la imagen. Un equipo mantendrá el balón y el otro intentará robar y pasar al jugador que está cercano a la portería para profundizar en el ataque y finalizar. El otro presionará para que no puedan pasar y el jugador del pasillo intentará interceptar el pase.

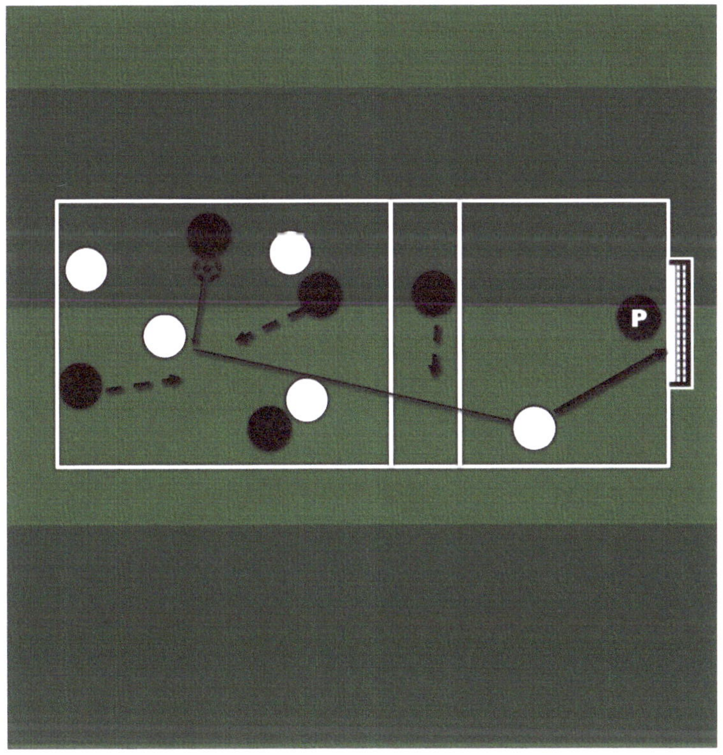

Tarea N° 16	Objetivo Principal	Mejora de la profundidad
	Jugadores	12 (1+C+4x3+2+P)

Explicación

En un rectángulo con un pasillo cercano a la portería, se colocan dos equipos como en la imagen. Un equipo apoyado con el comodín intentará profundizar con el jugador adelantado para atacar la portería y el otro intentará robar. Los jugadores del pasillo podrán abandonarlo para ir a presionar y que no avancen a la portería. Cuando reciba el jugador adelantado acompañarán los compañeros para finalizar.

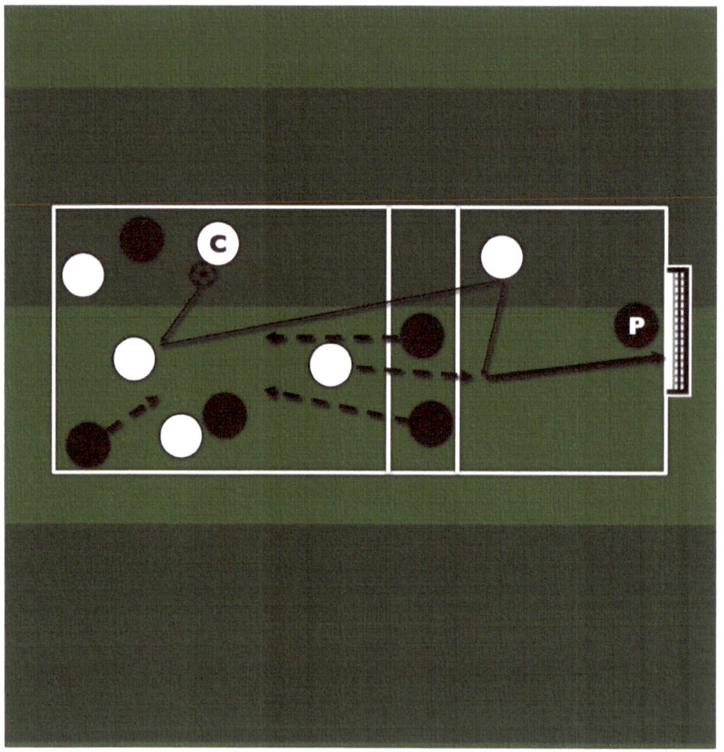

Tarea N° 17	Objetivo Principal	Mejora de la profundidad
	Jugadores	10 (P+4x4+C)

Explicación

En un rectángulo dividido en dos cuadrados, los jugadores distribuidos como en la imagen. El equipo que no tiene el balón (negro) intenta quitar el balón y pasar al comodín para profundizar y hacer gol. El otro equipo (blanco) cuando pierde el balón presionará para recuperar. Si consiguen hacer gol cambiarán los roles.

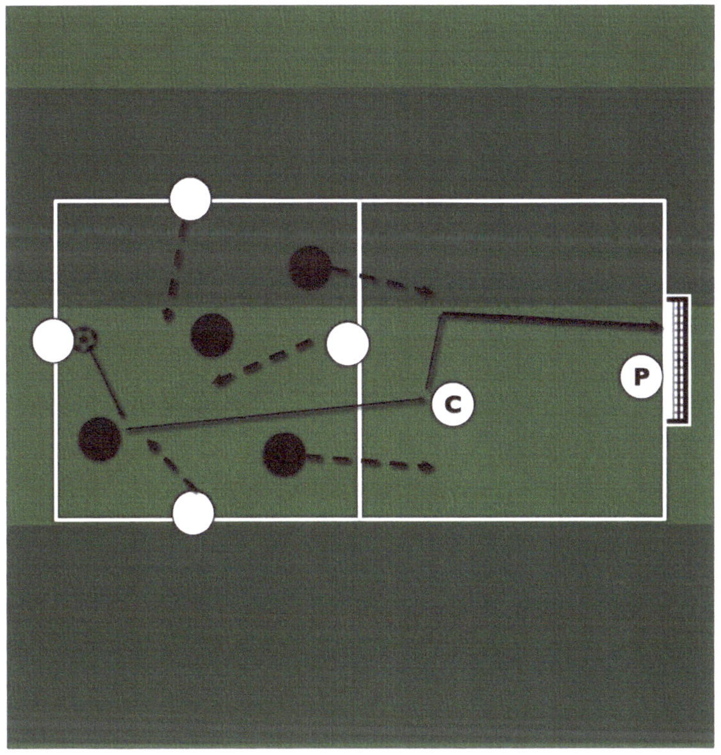

Tarea N° 18	Objetivo Principal	Mejora de la profundidad
	Jugadores	11 (2C+1+3x4+P)

Explicación

Los jugadores se distribuyen como en la imagen. El equipo negro intentará profundizar jugando con el jugador que está tras la línea defensiva del equipo blanco, apoyado por los dos comodines en amplitud que también lo podrán hacer. Una vez que superen la línea intentarán hacer gol presionados por los jugadores sobrepasados de la línea. Si el equipo blanco recupera o intercepta cambiarán los roles.

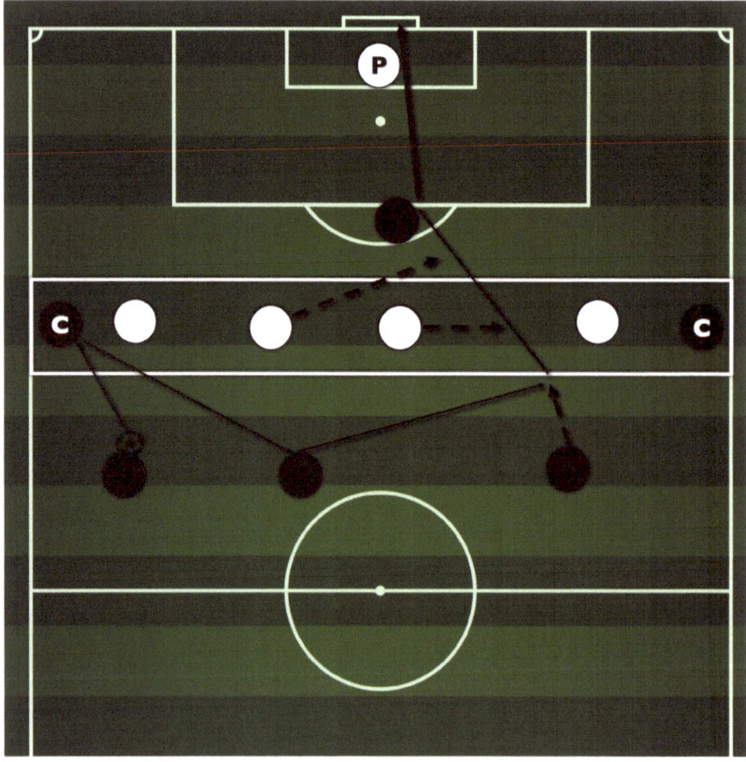

Tarea N° 19	Objetivo Principal	Mejora de la profundidad
	Jugadores	10 (C+4x4+P)

Explicación

Los jugadores se distribuyen como en la imagen. El equipo blanco intentará con una línea de cuatro jugadores que el balón no llegue al comodín, que intentarán recibir por detrás de ella. El equipo negro se colocará siempre en amplitud y cada vez que reciba el comodín devolverá el balón para ir avanzando y profundizando en las zonas hacia la portería, menos en la última que finalizará. Si el equipo blanco intercepta cambiarán los roles.

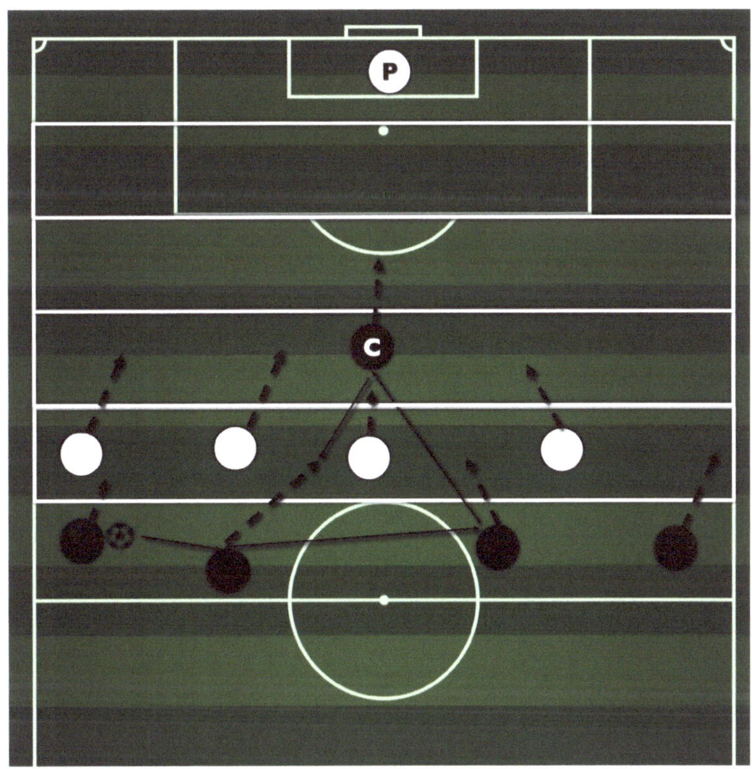

Tarea N° 20	Objetivo Principal	Mejora de la profundidad
	Jugadores	13 (6x6+P)

Explicación

Los jugadores se distribuyen como en la imagen. El equipo negro intentará desbordar la línea defensiva mas dos jugadores por delante del equipo blanco, con amplitud y un jugador entre la línea buscando pasar en profundidad. Una vez que superen la línea intentarán hacer gol presionados por los jugadores sobrepasados de la línea.

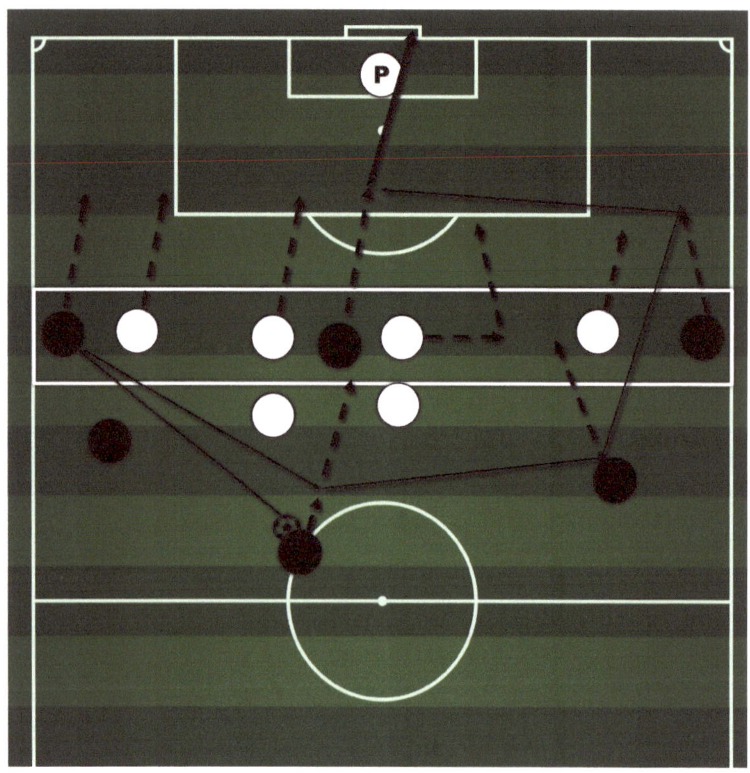

Tarea N° 21	Objetivo Principal	Mejora de la profundidad
	Jugadores	14 (7x6+P)

Explicación

Los jugadores se distribuyen como en la imagen. El equipo negro intentará profundizar conduciendo la línea defensiva de seis jugadores con amplitud y circulando el balón. Una vez que superen la línea intentarán hacer gol presionados por los jugadores sobrepasados de la línea.

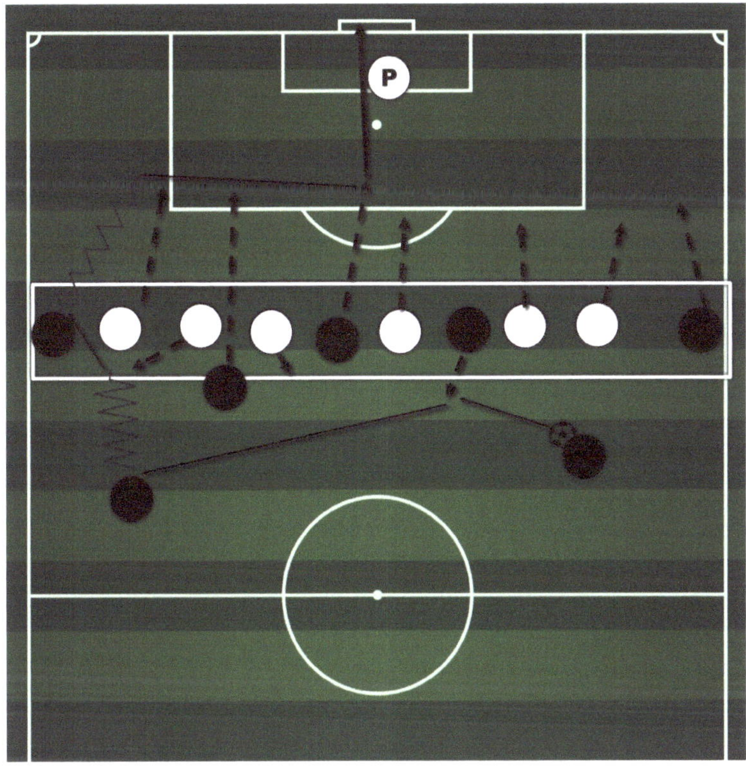

Tarea N° 22	Objetivo Principal	Mejora de la profundidad
	Jugadores	12 (6x5+P)

Explicación

Los jugadores se distribuyen como en la imagen. El equipo negro intentará atravesar conduciendo la línea defensiva mas el jugador por delante del equipo blanco, con amplitud y un jugador entre la línea para obtener profundidad en ataque. Una vez que superen la línea intentarán hacer gol presionados por los jugadores sobrepasados de la línea.

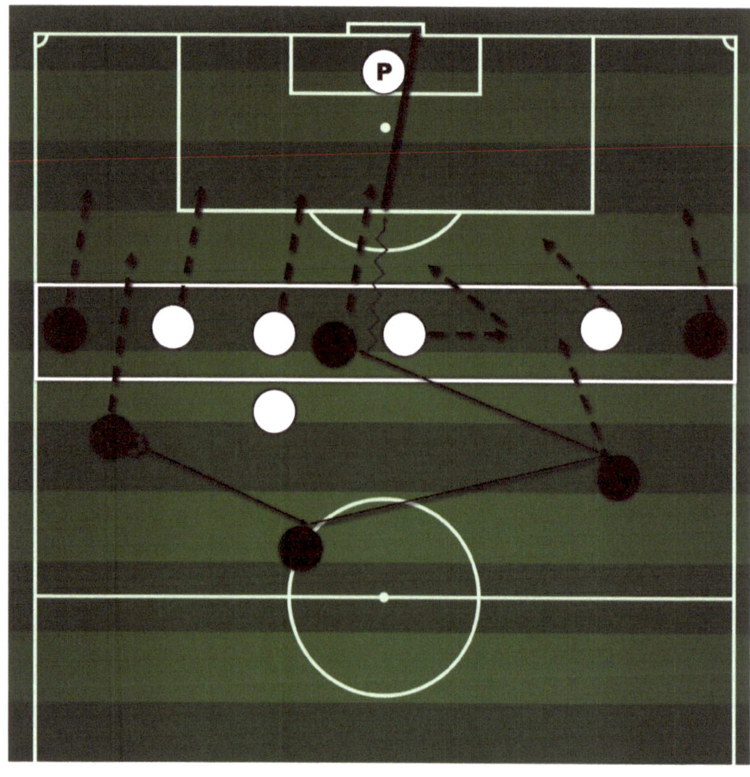

Tarea N° 23	Objetivo Principal	Mejora de la profundidad
	Jugadores	14 (1+3x3+3+3+P)

Explicación

Con el campo distribuido como en la imagen y los jugadores del equipo negro sobre las líneas. El equipo blanco irá atravesando líneas de una en una jugando en profundidad con el jugador adelantado. Los jugadores sobre las líneas solo podrán interceptar los pases para que no avance el otro equipo. Cada vez que pasen una línea saldrán los rivales sobrepasados, menos en la última que podrán presionar para que no finalicen.

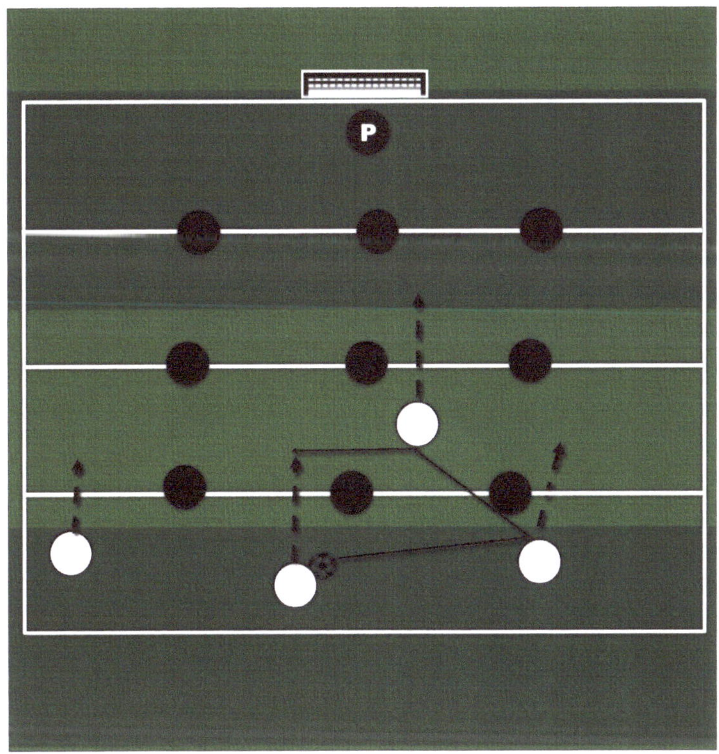

Tarea N° 24	Objetivo Principal	Mejora de la profundidad
	Jugadores	15 (2C+3x3+3+3+P)

Explicación

Con el campo distribuido como en la imagen y los jugadores del equipo negro en las zonas. El equipo blanco irá atravesando las zonas de una en una aprovechando la amplitud de los comodines. Los jugadores de las zonas solo podrán entrar en uno de los pasillos laterales para robar a los comodines y que no avance el otro equipo. Cada vez que pasen una zona saldrán los rivales sobrepasados, menos en la última que presionarán para que no finalicen.

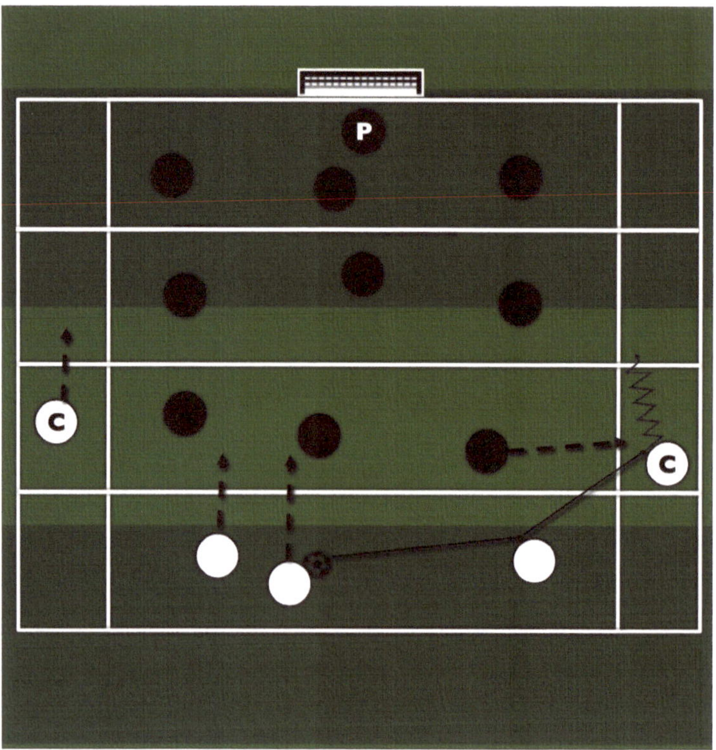

Tarea N° 25	Objetivo Principal	Mejora de la profundidad
	Jugadores	14 (1+3x3+3+3+P)

Explicación

Con el campo distribuido como en la imagen y los jugadores del equipo negro en las zonas. El equipo blanco irá pasando al jugador adelantado atravesando las zonas de una en una. Los jugadores de las zonas solo podrán interceptar para que no avance el otro equipo. Cada vez que pasen al jugador que está adelantado sobre la línea, no podrán participar los jugadores sobrepasados, menos en la última que presionarán para que no finalicen.

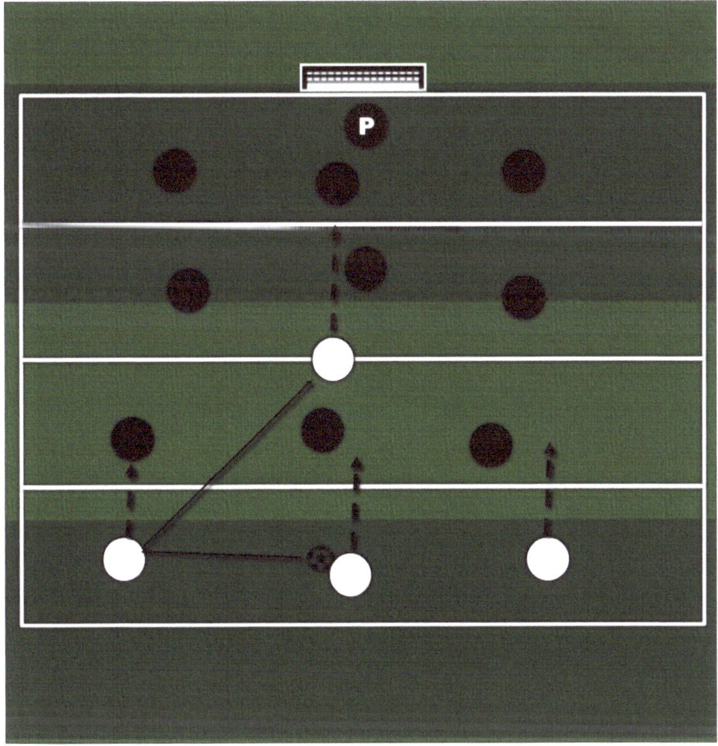

Tarea N° 26	Objetivo Principal	Mejora de la profundidad
	Jugadores	13 (3x3+2x4+P)

Explicación

Los jugadores se distribuyen como en la imagen. Juegan tres jugadores (equipo negro) en un cuadrado provocando que entren a presionar los jugadores del otro equipo (blanco). Cuando entran a presionar los jugadores del equipo negro pasan en profundidad a alguno de los jugadores adelantados, salen para atacar y todo el equipo negro atacará la portería que defienden cuatro jugadores del equipo blanco y el portero.

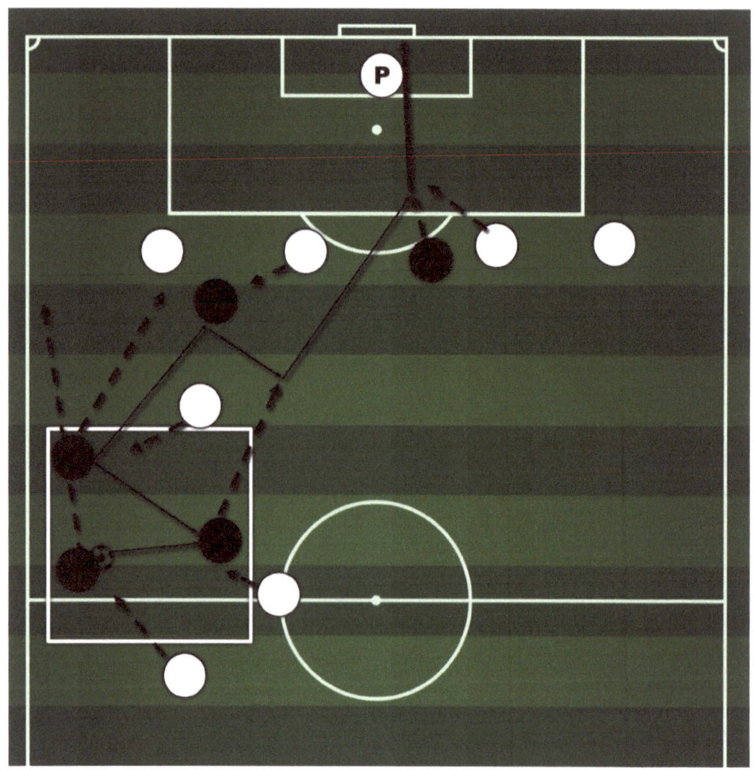

Tarea N° 27	Objetivo Principal	Mejora de la profundidad
	Jugadores	14

Explicación

Los jugadores se distribuyen como en la imagen. El equipo blanco hará una salida de balón buscando apoyarse en uno de los jugadores más adelantados para profundizar en ataque, que irán a recibir al rectángulo donde sólo ellos pueden entrar para dejar de cara a un compañero y hacer 2 contra 1 en cualquiera de las porterías defendidas por porteros.

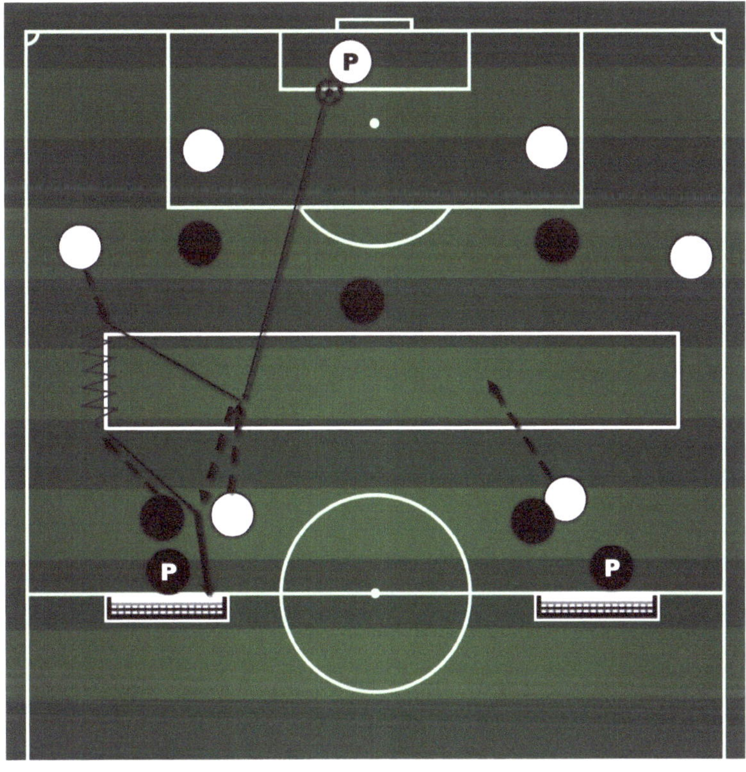

Tarea N° 28	Objetivo Principal	Mejora de la profundidad
	Jugadores	12 (6x5+P)

Explicación

Los jugadores se distribuyen como en la imagen. El equipo blanco intentará profundizar la zona de la línea defensiva rival jugando con el jugador adelantado, si consigue jugar con él se incorporarán al ataque para finalizar y sólo un jugador superado podrá retroceder. Si el equipo negro recupera intentará profundizar con el jugador adelantado para hacer gol en la otra portería.

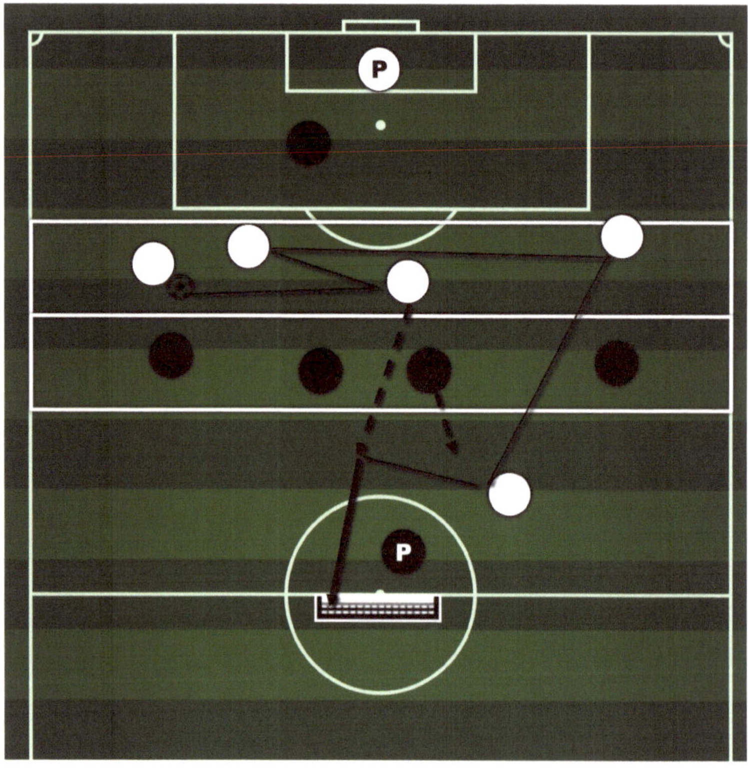

Tarea N° 29	Objetivo Principal	Mejora de la profundidad
	Jugadores	8

Explicación

Los jugadores distribuidos como en la imagen. Los dos jugadores del centro tienen el balón para atraer a los dos jugadores rivales que irán a presionarles. Cuando vayan a la presión podrán jugar con uno de los compañeros de las esquinas para profundizar y atacar una de las porterías.

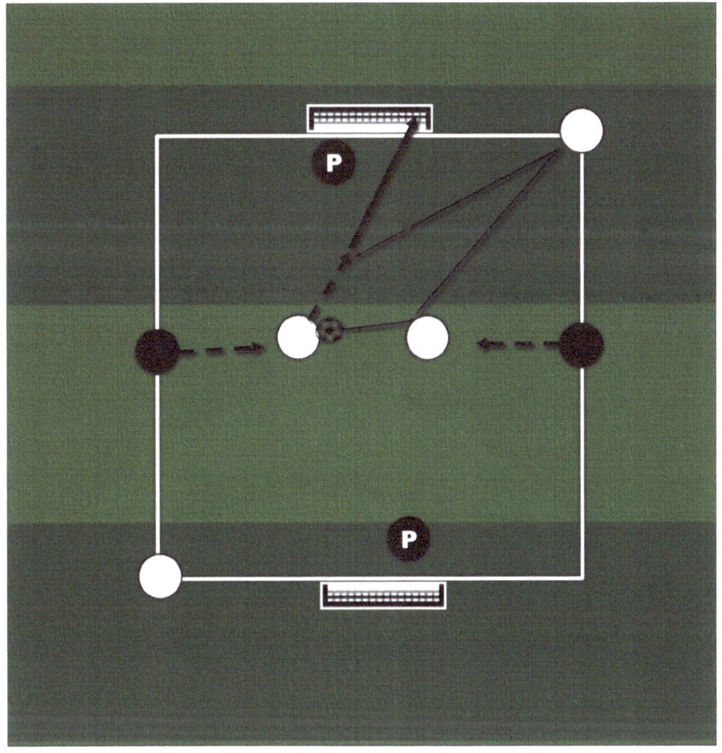

Tarea N° 30	Objetivo Principal	Mejora de la profundidad
	Jugadores	7

Explicación

Los jugadores distribuidos como en la imagen. El jugador del centro tiene el balón e intenta atraer a los 2 jugadores rivales que irán a presionarle. Cuando vayan a la presión podrá jugar con uno de los compañeros de las esquinas buscando profundidad para atacar una de las porterías.

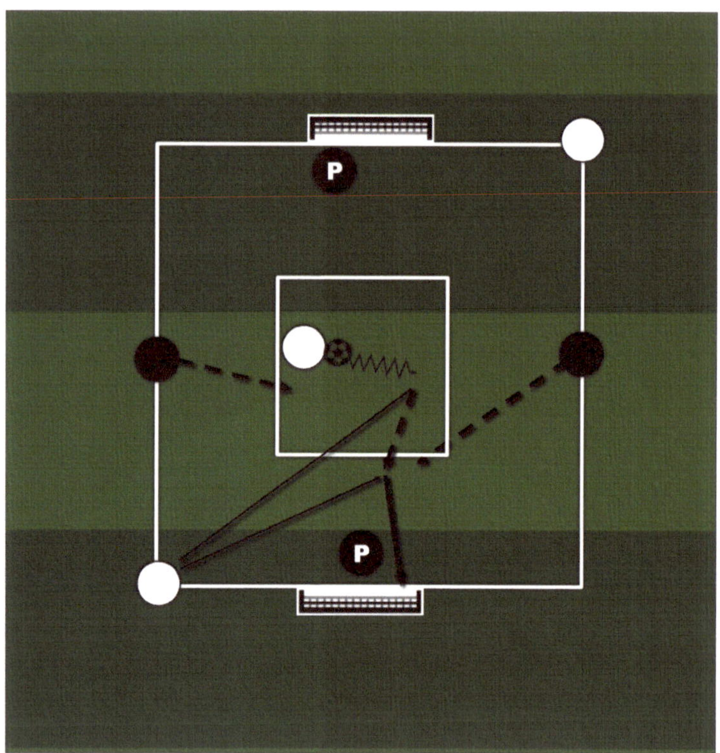

Tarea N° 31	Objetivo Principal	Mejora de la profundidad
	Jugadores	11 (P+4x4+C+P)

Explicación

En un cuadrado dividido en dos partes con dos porterías y porteros. Los jugadores atacantes y defensores no podrán salir de su mitad, el único que lo podrá hacer será el comodín que participará siempre con el equipo poseedor del balón para atacar sobre la portería rival y poder profundizar.

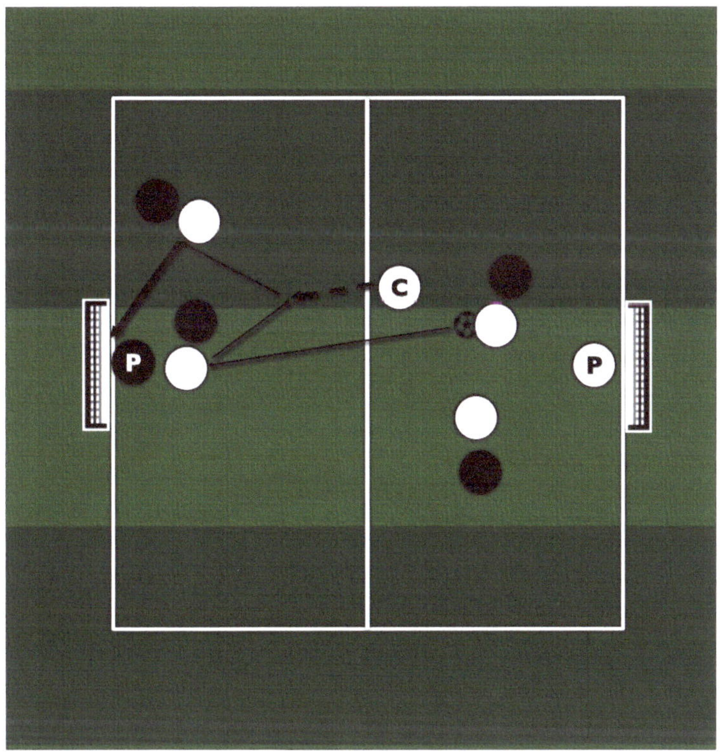

Tarea N° 32	Objetivo Principal	Mejora de la profundidad
	Jugadores	10 (P+1+3x3+1+P)

Explicación

En un rectángulo dividido en tres campos iguales, se colocarán tres jugadores de cada equipo en la división del centro y uno en la zona del portero rival. Cada equipo intentará jugar con el compañero adelantado en profundidad para poder incorporarse y hacer gol en la portería contraria.

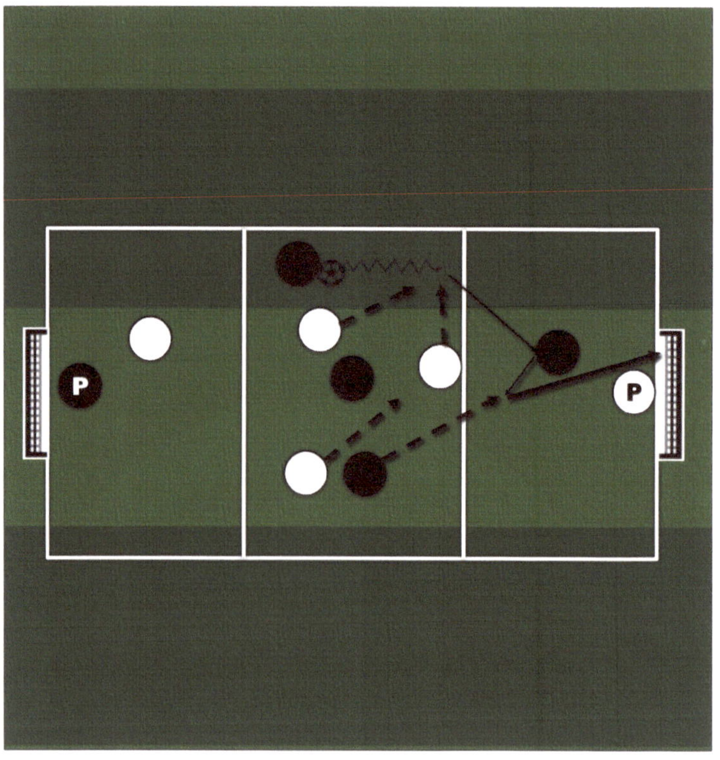

Tarea N° 33	Objetivo Principal	Mejora de la profundidad
	Jugadores	10 (P+4x4+P)

Explicación

En un rectángulo dividido en dos cuadrados, los jugadores se colocan en la disposición de la imagen. El equipo que no tiene el balón (blanco) coordinará para entrar en el cuadrado a presionar (3 jugadores). El otro equipo (negro) atraerá al rival y, cuando entran a presionar los tres jugadores de equipo blanco, jugarán en profundidad con alguno de los jugadores adelantados para poder atacar la portería. Si roba el equipo negro intenta hacer gol y cambian los roles.

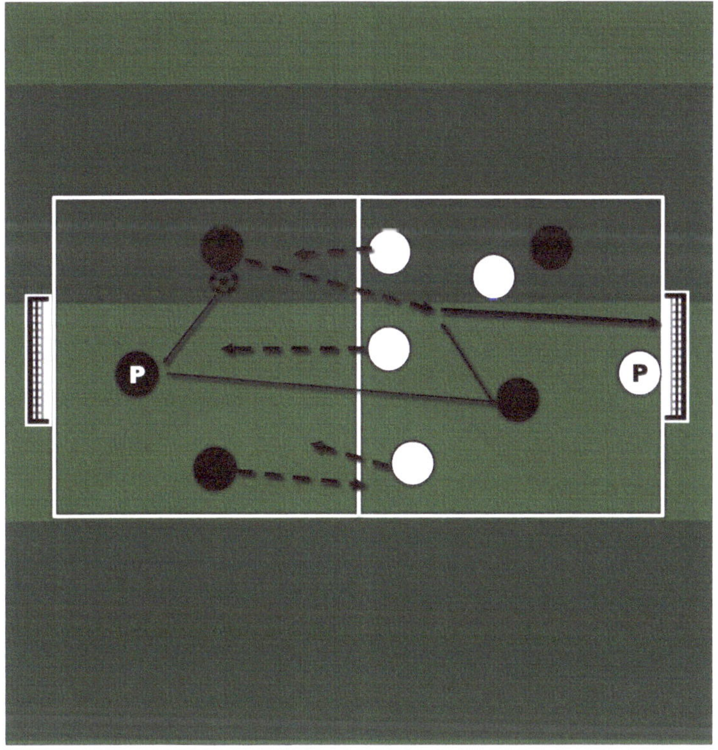

Tarea N° 34	Objetivo Principal	Mejora de la profundidad
	Jugadores	10

Explicación

Los jugadores distribuidos como en la imagen. Cada equipo, cuando recupere el balón intentará jugar con el jugador cercano a la portería contraria en profundidad para acompañar y finalizar. El equipo que pierda presionará rápido para recuperar y jugar en profundidad con el jugador más adelantado. Los jugadores de los pasillos intentarán interceptar el pase para recuperar y que su equipo pueda hacer gol en la otra portería encontrando al jugador más profundo.

Tarea N° 35	Objetivo Principal	Mejora de la profundidad
	Jugadores	14 (P+6x6+P)

Explicación

En un rectángulo dividido en tres campos iguales, los equipos se colocarán en la disposición de la imagen. Cada equipo intentará profundizar jugando con alguno de los jugadores que están en la zona cercana a la portería que atacan. Cuando estos reciban tendrán que pasar a alguno de sus compañeros de ataque y los defensores que estaban en la línea lateral del campo saldrán a defender la acción y los que estaban en la zona central podrán entrar sólo para atacar.

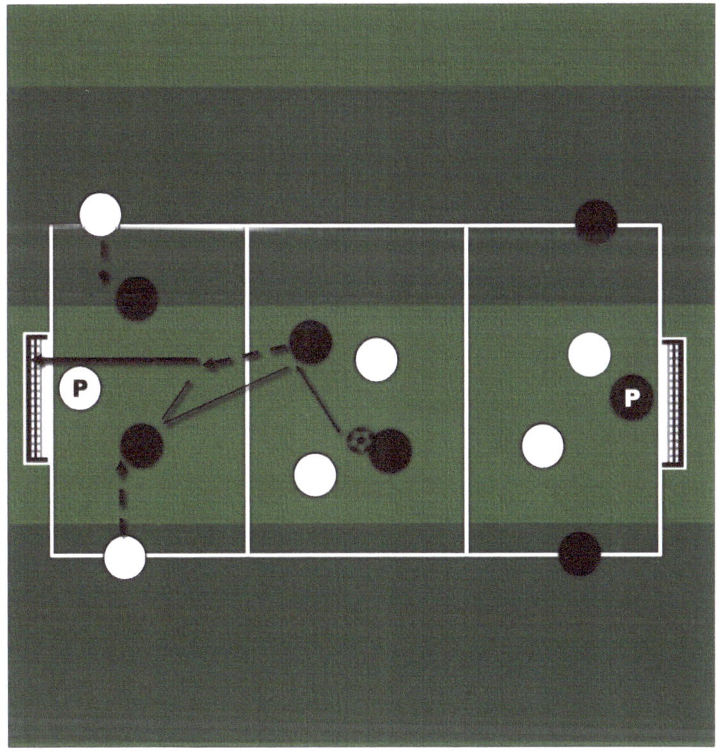

Tarea N° 36	Objetivo Principal	Mejora de la profundidad
	Jugadores	14 (P+6x6+P)

Explicación

En un cuadrado dividido en dos partes con dos porterías y porteros. Los jugadores podrán pasarán a la mitad de la portería rival para atacar (cuando tenga el balón su equipo). Para defender no podrán abandonarla.

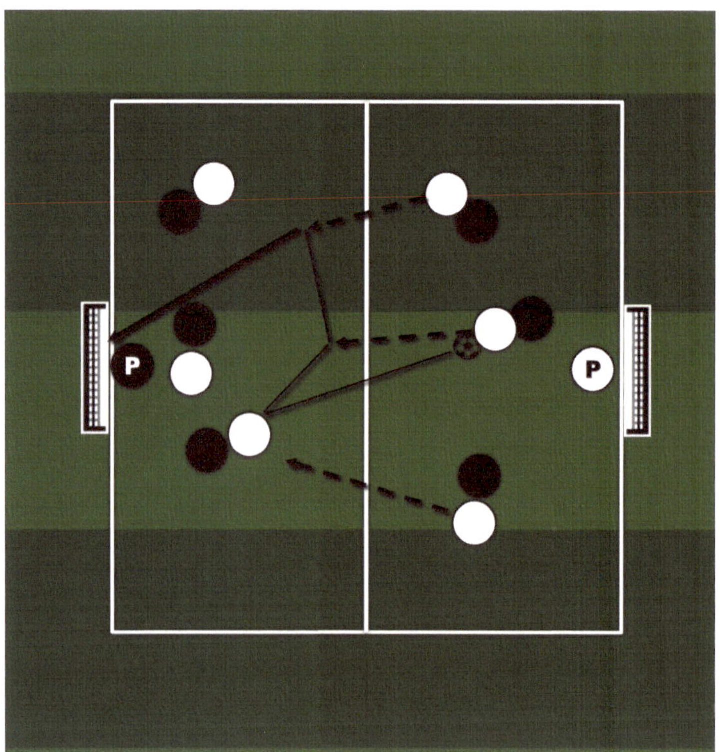

Tarea N° 37	Objetivo Principal	Mejora de la profundidad
	Jugadores	14 (P+6x6+P)

Explicación

En un rectángulo dividido en tres campos iguales, los equipos se colocarán en la disposición de la imagen. Cada equipo intentará jugar con alguno de los jugadores que están en profundidad en la zona cercana a la portería que atacan. Cuando estos reciban, tendrán que pasar a alguno de sus compañeros de ataque y los defensores que estaban detrás de la línea de fondo saldrán a defender la acción y los que estaban en la zona central podrán entrar sólo para atacar.

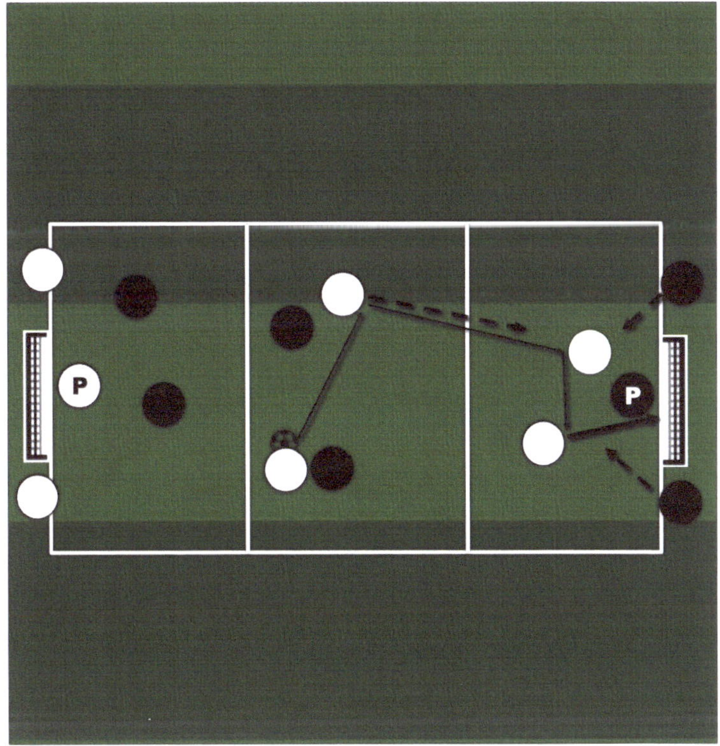

Tarea N° 38	Objetivo Principal	Mejora de la profundidad
	Jugadores	14 (P+6x6+P)

Explicación

En un rectángulo dividido en tres campos iguales, los equipos se colocarán en la disposición de la imagen. Cada equipo intentará jugar con alguno de los jugadores que están en profundidad en la zona cercana a la portería. Cuando estos reciban tendrán que atacar, el defensor que estaba detrás de la línea de fondo saldrá a defender la acción y los que estaban sobre la línea podrán entrar para atacar.

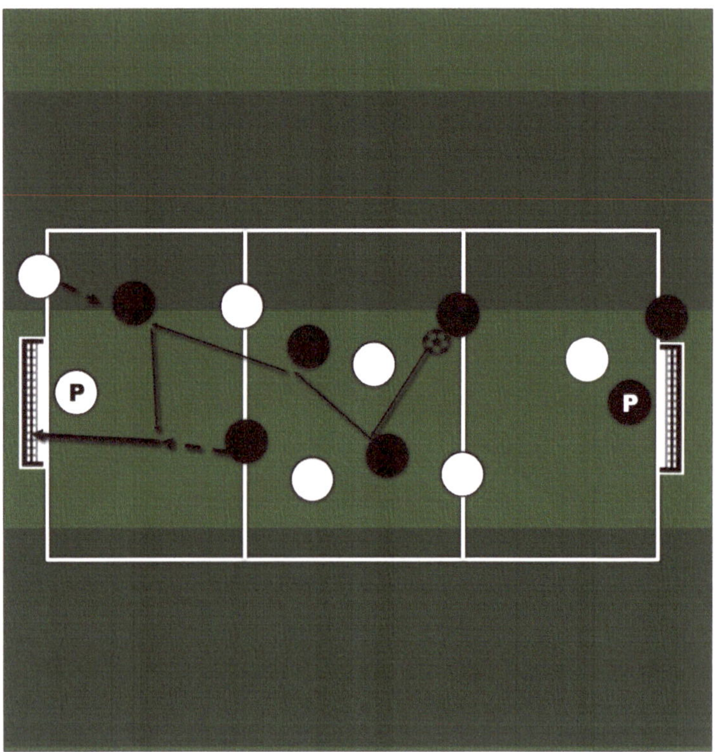

Tarea N° 39	Objetivo Principal	Mejora de la profundidad
	Jugadores	14 (P+6x6+P)

Explicación

En un rectángulo dividido en tres campos iguales, los equipos se colocarán en la disposición de la imagen. Cada equipo intentará pasar en profundidad con alguno de los jugadores que están en la abiertos en la línea cercana a la portería rival. Cuando estos reciban tendrán que finalizar la jugada, el defensor que estaba detrás de la línea de fondo saldrá a defender la acción junto con el defensor que estaba sobre la línea.

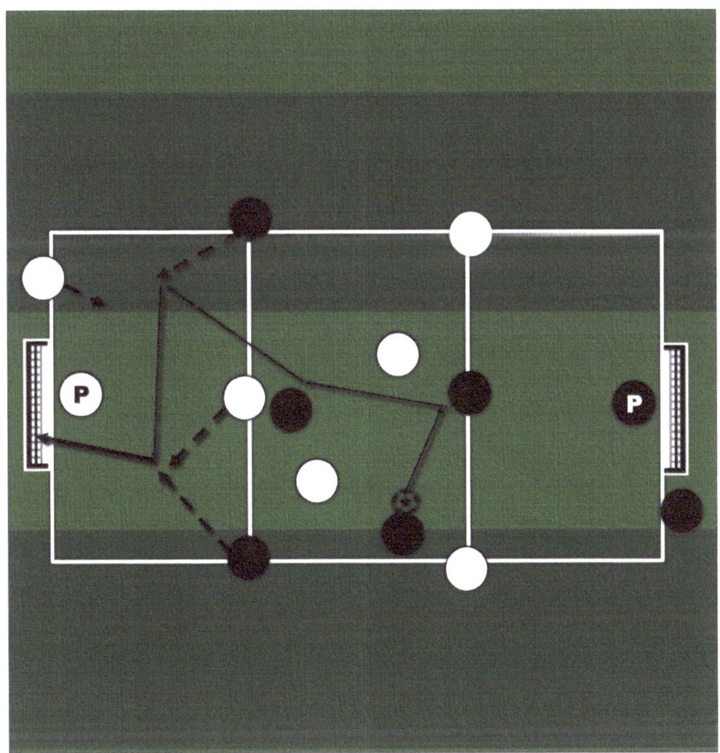

Tarea N° 40	Objetivo Principal	Mejora de la profundidad
	Jugadores	12 (P+5x5+P)

Explicación

En un rectángulo dividido en tres campos iguales, los equipos se colocarán en la disposición de la imagen. Cada equipo intentará pasar en profundidad al jugador que está en la línea cercana a la portería rival. Cuando estos reciban tendrán que finalizar la jugada presionados por los jugadores rivales que estaban abiertos sobre la línea.

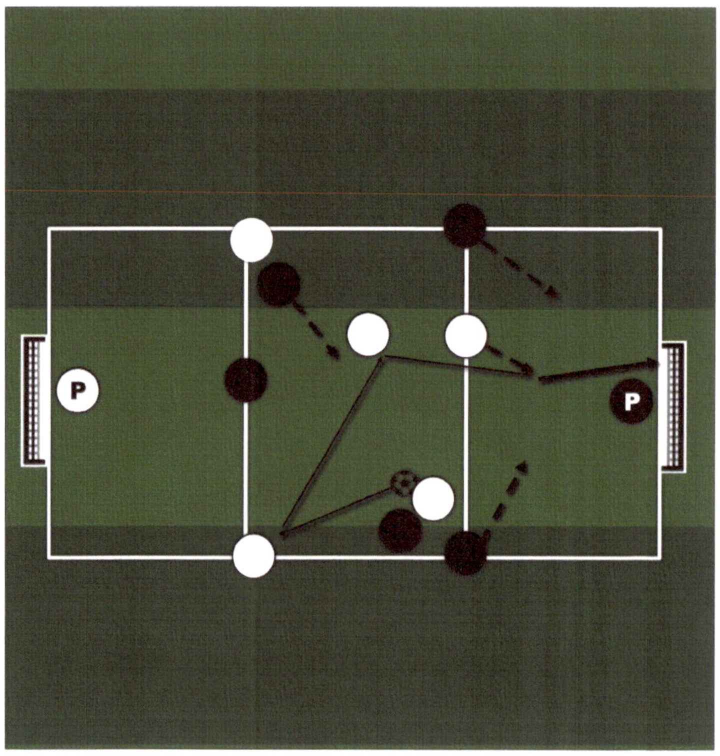

Tarea N° 41	Objetivo Principal	Mejora de la profundidad
	Jugadores	16 (P+2+5x5+2+P)

Explicación

En un hexágono se juega cinco contra cinco con dos jugadores por fuera cada equipo y con porteros. Solo valdrá el gol de pase de los jugadores que están por fuera en profundidad.

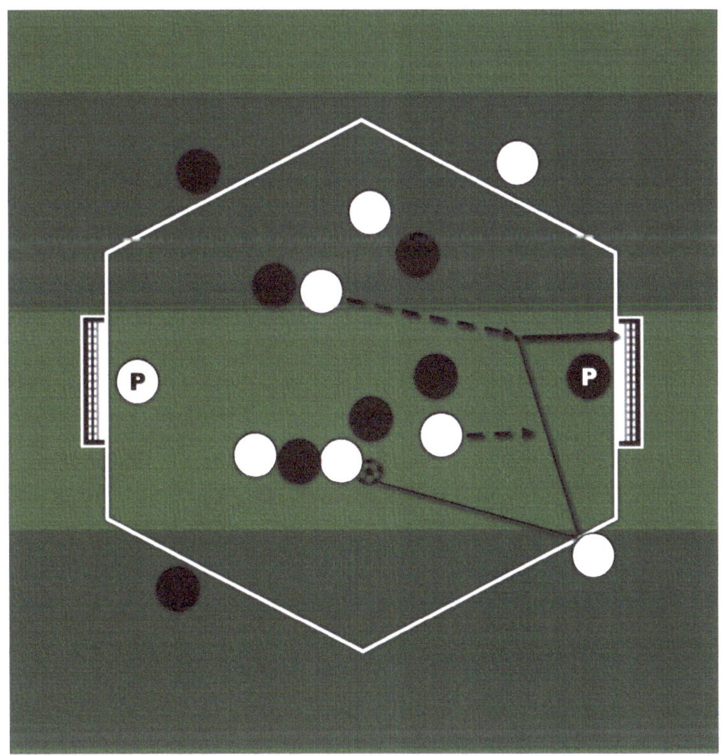

Tarea N° 42	Objetivo Principal	Mejora de la profundidad
	Jugadores	14 (P+2+4x4+2+P)

Explicación

Los jugadores y el campo distribuidos como en la imagen. El equipo con balón (negro) tendrá un jugador en cada zona y se apoyará con los jugadores adelantados en profundidad y el equipo sin balón (blanco) podrá moverse libremente para recuperar. Si recupera el balón cambian los roles y el equipo blanco podrá jugar con los jugadores adelantados para atacar.

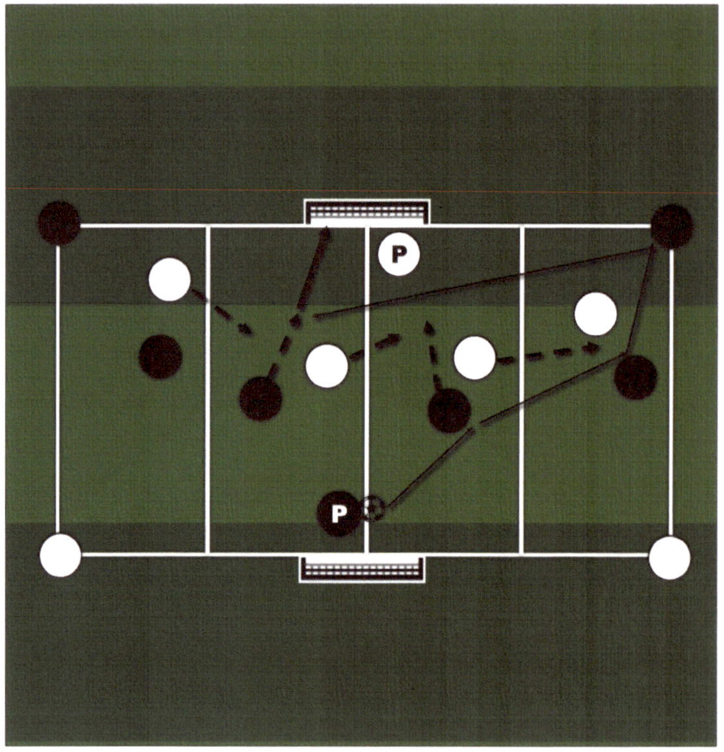

Tarea N° 43	Objetivo Principal	Mejora de la profundidad
	Jugadores	12 (P+2+3x3+2+P)

Explicación

Los jugadores distribuidos como en la imagen. Los equipos cuando tengan el balón podrán jugar con los jugadores situados en la línea de fondo para profundizar y atacar la portería rival.

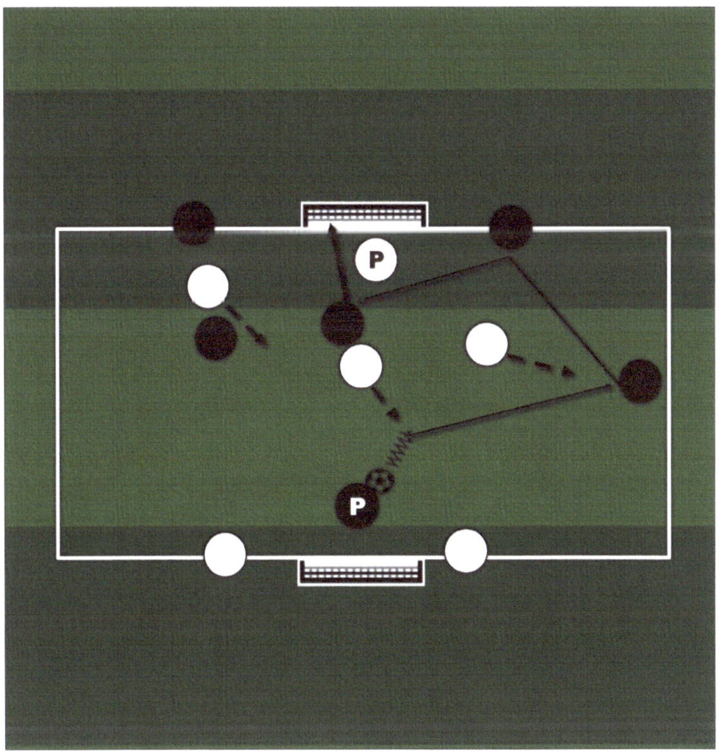

Tarea N° 44	Objetivo Principal	Mejora de la profundidad
	Jugadores	12 (P+1+4x4+1+P)

Explicación

Los jugadores y el campo distribuidos como en la imagen. En el equipo sin balón los jugadores podrán abandonar sus zonas de manera lateral para evitar que profundice el equipo con balón. El equipo con balón intentará jugar con el compañero adelantado para incorporarse al ataque u ocupar una zona si la deja libre el equipo contrario para profundizar. Si un equipo recupera el balón cambiarán los roles.

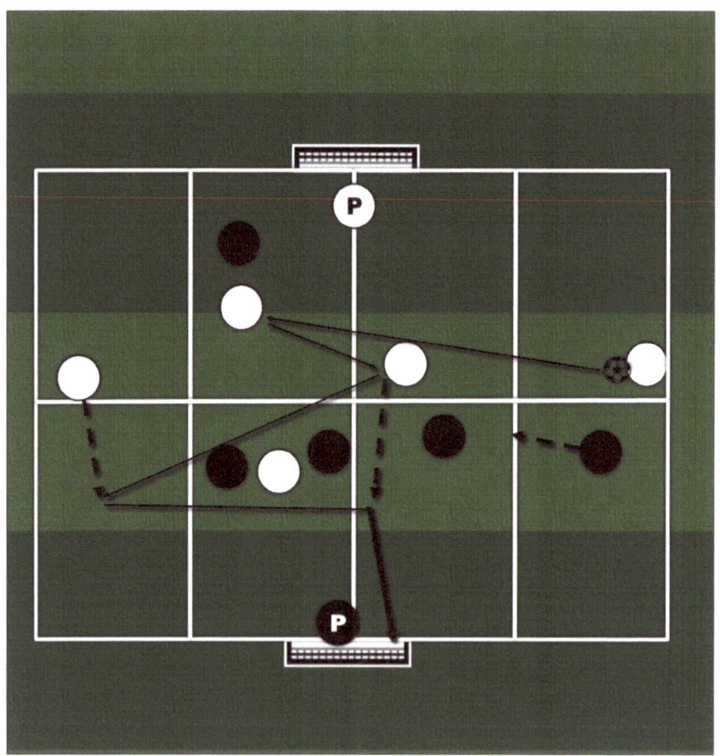

Tarea N° 45	Objetivo Principal	Mejora de la profundidad
	Jugadores	14 (P+1+5x5+1+P)

Explicación

Los jugadores distribuidos como en la imagen con marcaje al hombre dentro del cuadrado intentarán jugar con el jugador adelantado para poder salir del cuadrado (el que tiene el balón para atacar y el que no lo tiene para defender y recuperar) y hacer gol. Si un equipo recupera fuera del cuadrado intenta jugar con su jugador adelantado para atacar la portería rival.

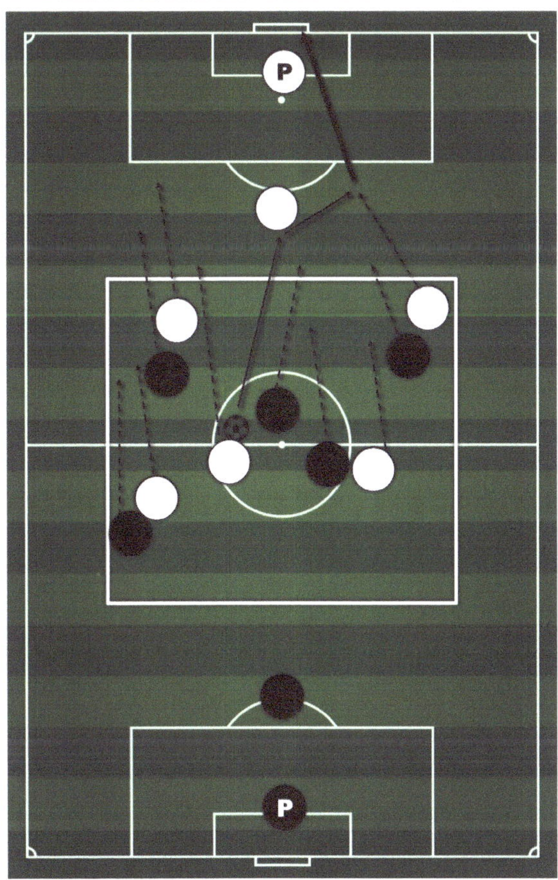

Tarea Nº 46	Objetivo Principal	Mejora de la profundidad
	Jugadores	16 (P+2+5x5+2+P)

Explicación

Los jugadores distribuidos como en la imagen. El equipo que tiene balón podrá jugar con los jugadores adelantados cercanos a la portería rival para poder profundizar y atacar la portería contraria.

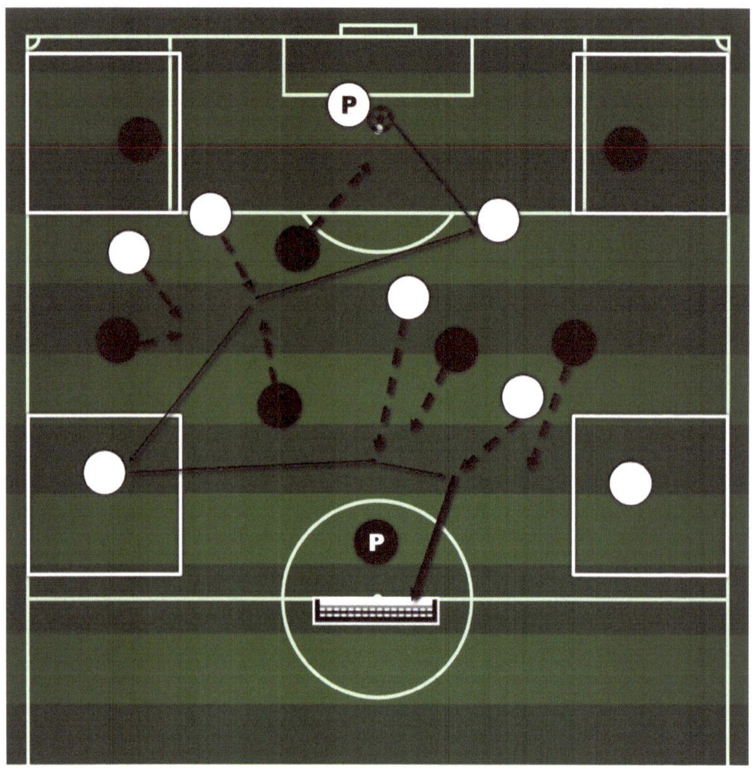

Tarea N° 47	Objetivo Principal	Mejora de la amplitud
	Jugadores	22 (P+9x9+2C+P)

Explicación

Partido en el que los jugadores estarán distribuidos como en la imagen. El equipo con balón (negro) intentará jugar con los jugadores más adelantados de la siguiente línea ayudado por los comodines que tendrán libertad de movimientos. Cuando una zona es superada los jugadores esperarán a que su equipo recupere para atacar sobre la portería rival. Cuando se enfrenten a la última zona deberán jugar en profundidad con el jugador situado sobre la línea y los jugadores podrán retroceder para presionar el tiro cuando reciba. Si el balón sale del terreno de juego los equipo cambiarán los roles.

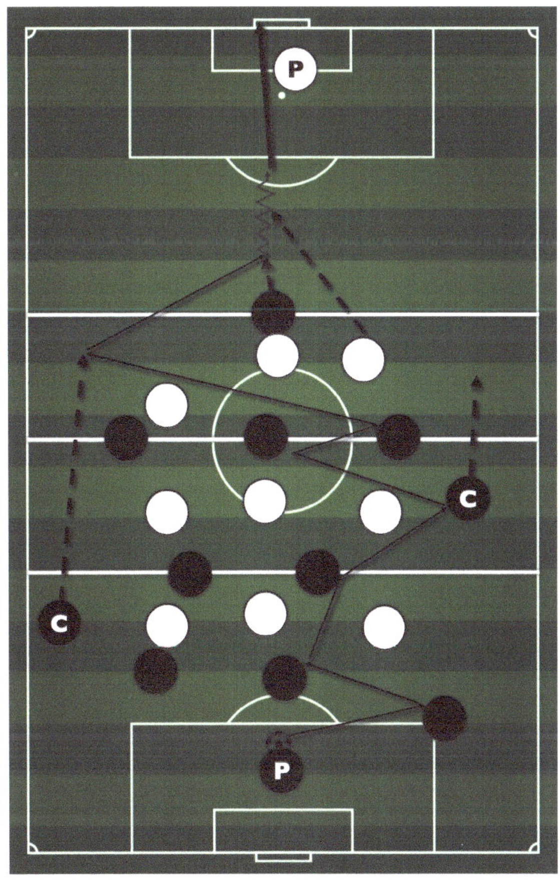

Tarea N° 48	Objetivo Principal	Mejora de la profundidad
	Jugadores	22 (P+10x10+P)

Explicación

Con el campo dividido en tres zonas y los jugadores distribuidos como en la imagen. El equipo con balón podrá moverse libremente para profundizar y en el equipo sin balón los jugadores no podrán abandonar su zona. Si un equipo recupera cambiarán los roles, podrán moverse con libertad y los jugadores que perdieron el balón volverán a sus zonas.

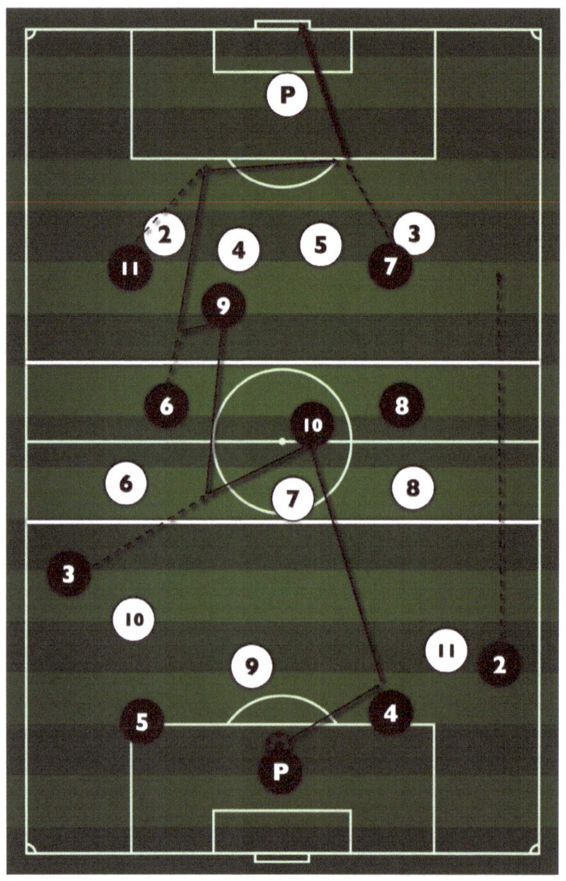

Tarea N° 49	Objetivo Principal	Mejora de la profundidad
	Jugadores	22 (P+3+7x7+3+P)

Explicación

Partido con con un pasillo central en campo propio para cada equipo (como en la imagen) en los que sólo pueden jugar los 3 jugadores del equipo poseedor del balón para profundizar cuando tiene el balón su equipo. Cuando un equipo no tiene el balón sólo pueden interceptar los pases del rival los del pasillo del otro equipo. Los demás jugadores tendrán libertad para moverse en ataque pero nunca podrán tocar el balón en esos pasillos.

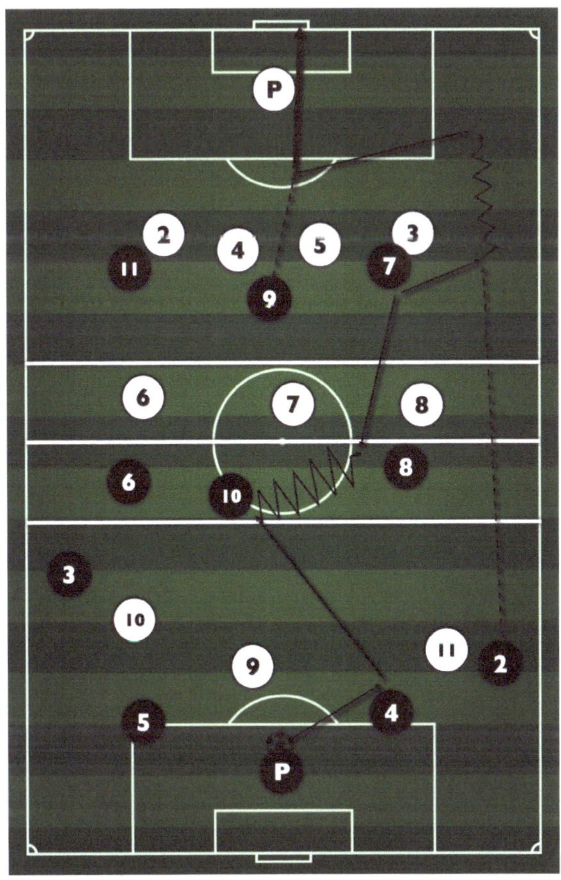

Tarea N° 50	Objetivo Principal	Mejora de la profundidad
	Jugadores	23 (P+C+10x10+P)

Explicación

Partido con cuatro jugadores en defensa sobre la línea y dos abiertos en ataque (donde está la línea defensiva rival). El equipo poseedor intentará jugar en profundidad con el apoyo del comodín con los jugadores en amplitud. Una vez que el balón supere la línea defensiva podrán entrar los jugadores para atacar y defender por detrás de la línea.

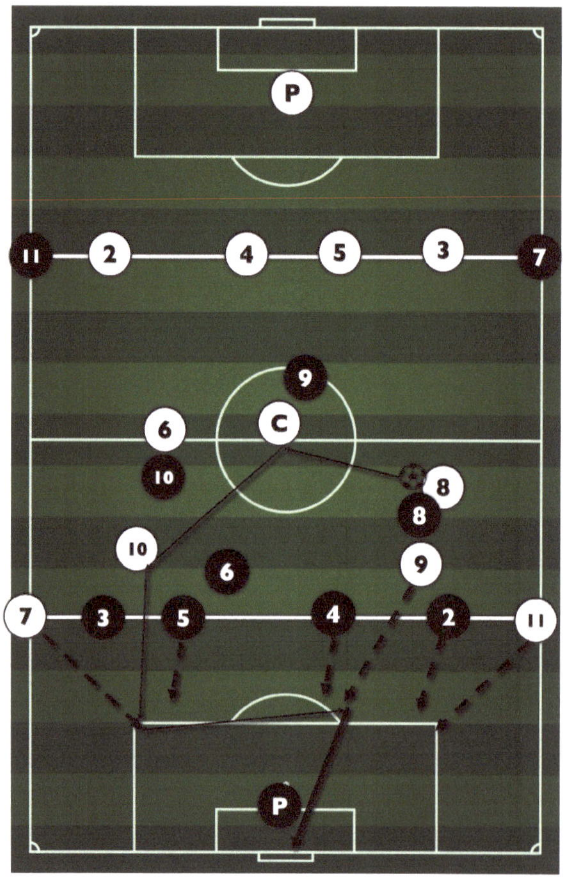

BIBLIOGRAFÍA

- Bangsbo, J. y Peitersen, B. (2002): *Fútbol: Jugar en defensa.* Editorial Paidotribo. Barcelona.
- Caneda, R. (1999): *La zona en Fútbol.* Editorial Wanceulen. Sevilla.
- Cano Moreno, Óscar (2010): *Fútbol: Entrenamiento global basado en la interpretación del juego.* Editorial Wanceulen.
- Castelo, J. (1999): *Futbol. Estructura y dinámica del juego.* Editorial INDE. Barcelona.
- Castellano, Julen y Casamichana, David (2016): *El arte de planificar en fútbol,* Editorial Fútbol de libro.
- Castellano, Julen; Casamichana, David y San Román, Jaime (2015): *Los juegos reducidos en el entrenamiento del fútbol.* Editorial Futbol de libro.
- Conde, M. (2000): *Contraataque.* Instituto Monsa de Ediciones.
- Couto, A. (2015): *Las grandes escuelas del Fútbol Moderno.* Editorial Fútbol de libro.
- Fradua, Luis (1997): *La visión periférica del futbolista.* Editorial Paidotribo.
- García Ocaña, Francisco (2008): *Fútbol y Fútbol sala: 250 actividades sociomotrices.* Editorial Paidotribo. Barcelona.
- Garganta, J. y Pinto, J. en Graça, A. y Oliveira, J. (1997): *La enseñanza de los juegos Deportivos.* Editorial Paidotribo.
- González, Alberto (2013): *Fútbol. Dinámica del juego desde la perspectiva de las transiciones.* Editorial Learning 11.
- Juan Sánchez, D. (2016): *La Periodización Táctica en Fútbol Base y Aficionado: Aplicación práctica para categoría infantil, cadete, juvenil o aficionado.* Autoedición.
- López López, Javier (2009): *Fundamentos tácticos ofensivos.* Editorial Wanceulen.
- López López, Javier (2009): *Fundamentos tácticos defensivos.* Editorial Wanceulen.
- López López, Javier (2009): *500 juegos para el entrenamiento físico con balón.* Editorial Wanceulen.

- López López, Javier (2009): *400 tareas integradas para el entrenamiento de la táctica ofensiva.* Editorial Wanceulen.

- López López, Javier; Wanceulen Moreno, Antonio; Wanceulen Moreno, José F. y Bernal Ruiz, Javier (2009): *225 juegos para el entrenamiento integrado del pase en el fútbol.* Editorial Wanceulen.

- Mayer, R. (1996): *Fichas de fútbol. 120 juegos de ataque y defensa.* Hispano Europea. Barcelona.

- López López, Javier (2013): *Fútbol: Senior (2013): 175 fichas de sesiones de entrenamiento.* Editorial Wanceulen. Sevilla.

- López López, Javier (2013): *Fútbol: Juveniles: 160 fichas de sesiones de entrenamiento.* Editorial Wanceulen. Sevilla.

- López López, Javier (2009): Fútbol: *1380 Juegos globales para el aprendizaje y perfeccionamiento de la técnica ofensiva y defensiva.* Editorial Wanceulen. Sevilla.

- López López, Javier (2008): *Fútbol: Cadetes: 160 fichas de sesiones de entrenamiento.* Editorial Wanceulen. Sevilla.

- López López, Javier (2013): *Fútbol: Infantiles: 120 fichas de sesiones de entrenamiento.* Editorial Wanceulen. Sevilla.

- López López, Javier (2008): *Fútbol: Alevines: 120 fichas de sesiones de entrenamiento.* Editorial Wanceulen. Sevilla.

- López López, Javier (2013): *Fútbol: Benjamines: 80 fichas de sesiones de entrenamiento.* Editorial Wanceulen. Sevilla.

- López López, Javier (2009): *Fútbol: Prebenjamines: 80 fichas de sesiones de entrenamiento.* Editorial Wanceulen. Sevilla.

- Portugal, M. A. (2018): *El entrenamiento en Fútbol. Rondos y mantenimientos.* Editorial Lisma.

- Seirul´lo, F. (1999): *Criterios modernos del entrenamiento en el fútbol.* Revista Training Fútbol. Valladolid.

- Tamarit, X. (2007): *¿Qué es la periodización Táctica?* Editorial M.C. Sports.